互联网+

刘利 潘黔玲 著

视域下思政课教学

理论与实践发展研究

吉林大学出版社

图书在版编目(CIP)数据

互联网＋视域下思政课教学理论与实践发展研究/刘
利,潘黔玲著.--长春:吉林大学出版社,2017.5(2024.8重印)
　　ISBN 978-7-5677-9728-4

　　Ⅰ.①互…　Ⅱ.①刘…　②潘…　Ⅲ.①高等学校－思
想政治教育－教学研究－中国　Ⅳ.①G641

　　中国版本图书馆 CIP 数据核字(2017)第 111272 号

书　　名　互联网＋视域下思政课教学理论与实践发展研究
　　　　　　HULIANWANG＋SHIYUXIA SIZHENGKE JIAOXUE LILUN YU
　　　　　　SHIJIAN FAZHAN YANJIU

作　　者　刘　利　潘黔玲　著
策划编辑　孟亚黎
责任编辑　孟业黎
责任校对　樊俊恒
装帧设计　崔　蕾
出版发行　吉林大学出版社
社　　址　长春市朝阳区明德路 501 号
邮政编码　130021
发行电话　0431－89580028/29/21
网　　址　http://www.jlup.com.cn
电子邮箱　jlup@mail.jlu.edu.cn
印　　刷　三河市天润建兴印务有限公司
开　　本　787×1092　1/16
印　　张　15.5
字　　数　201 千字
版　　次　2017 年 11 月　第 1 版
印　　次　2024 年 8 月　第 3 次
书　　号　ISBN 978-7-5677-9728-4
定　　价　52.00 元

前　言

十八大以来,以习近平为核心的党中央在系列讲话和报告中曾多次强调思想政治教育的重要性。2015年1月,中共中央办公厅、国务院办公厅印发《关于进一步加强和改进新形势下高校宣传思想工作的意见》,强调高校作为意识形态工作的前沿阵地,肩负着学习、研究、宣传马克思主义,培育和弘扬社会主义核心价值观,为实现中华民族伟大复兴的中国梦提供人才保障和智力支持的重要任务。高校要以加强网络阵地建设为重点,加强思想政治教育,不断坚定广大师生中国特色社会主义的道路自信、理论自信、制度自信,培养德智体美全面发展的社会主义建设者和接班人。

2015年7月,国务院印发了《关于积极推进"互联网＋"行动的指导意见》,这是推动互联网由消费领域向生产领域拓展,加速提升产业发展水平,增强各行业创新能力,构筑经济社会发展新优势和新动能的重要举措。自此,各行各业都在探索"互联网＋"的应用,"互联网＋"教育、"互联网＋"大学生思想政治教育势在必行。基于此,特撰写《"互联网＋"视域下思政课教学理论与实践发展研究》一书,旨在对互联网时代下的思想政治教育做出新的探索和改革。

本书共八章,第一章对"互联网＋"教育进行了概述,分析了"互联网＋"教育的起源、内涵和特征;第二章对思政课的功能和地位进行了介绍,深刻剖析了思政课教育的现状和重要作用;第三章对"互联网＋"视域下思政课教育教学原则和理念进行了研究;第四章探讨了"互联网＋"视域下思政课教育教学模式和方法;第五章对"互联网＋"视域下思政课教室空间的设计与应用进行了分析；第六章对"互联网＋"视域下思政课教育教学资源的设计与制作做了具体介绍；第七章对"互联网＋"视域下思政课考试方式与教学评价体系改革进行了研究；第八章从教师队伍着手，对"互联网＋"视域下人才体系创新做了深入探讨。

总体来看，全书结构完整、逻辑清晰、内容翔实、语言简练、图表丰富。同时，本书以"互联网＋"为基础，对新时期的高校思政课教学提出了一些独到的见解，充分体现了本书的时代性和创新性。

全书由刘利、潘黔玲撰写，具体分工如下：

第二章第二节至第三节、第四章至第八章：刘利（武汉职业技术学院）；

第一章、第二章第一节、第三章：潘黔玲（武汉职业技术学院）。

在本书撰写过程中，参阅了部分同行专家、学者的相关著作、论文，吸取了诸多有益的成果、见解，谨致以诚挚的谢意。由于作者水平有限，书中难免有不妥之处，敬请同行专家、学者和广大读者批评指正。

作者

2017 年 3 月

目　　录

第一章 "互联网＋"教育概述

在人类历史长河中，技术的发展不断推动着社会的进步，改变着人们的生产、生活方式。作为 20 世纪最伟大的发明之一——互联网，正以其改变一切的力量席卷全球，对人们的思想、行为、活动等产生着深刻的影响。

互联网于 1969 年起源于美国，1994 年传入我国，短短 20 年间，我国一跃成为互联网大国。根据权威报告显示，截至 2015 年 6 月，我国的网民人数已达 6.68 亿，将近我国人口的一半，且网民集中在 20～29 岁的人群，互联网持续向低龄群体渗透。具体数值如图 1-1、图 1-2 所示。

预计到 2020 年，中国所有农村地区将实现宽带网络的覆盖。毋庸置疑，不管从网民数量还是网络经济发展的速度来说，中国将成为当之无愧的领跑者。李克强在 2016 年战略性地提出"互联网＋"这个新概念，瞬间引发各行各业人们的思考。百年大计，教育为本，"互联网＋"教育既是时代的选择，又是历史的必然。

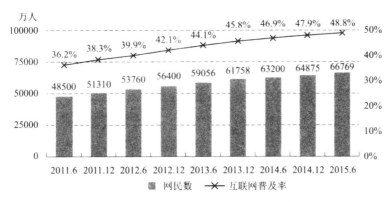

图 1-1　中国网民规模和互联网普及率

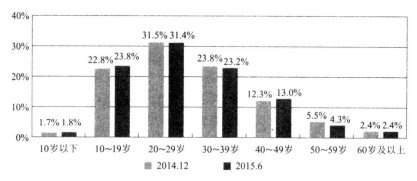

图 1-2　中国网民年龄结构

第一节　"互联网十"教育的起源

互联网对人类的思维方式、生产方式、生活方式等产生着深刻的影响,这既使得人类进入了新的时代——知识经济时代、互联网时代、大数据时代,也使得人类教育进入了革新时代。

一、"互联网十"的由来

关于"互联网十"这一理念,学界普遍认为最早提出是在 2012 年 11 月的第五届移动互联网博览会上,提出者是易观国际的董事长于扬。

2013 年 11 月,腾讯公司首席执行官马化腾针对"互联网十"中的"十"提出了如下看法,其认为互联网加一个传统行业,其实意味着一个行业能力的提升。2013 年年底的腾讯 WE 大会上,马化腾再次强调了这一观点,其认为"互联网十"中的"十"指的就是传统行业的各行各业。

李克强在出席 2014 年 11 月的世界互联网大会时发表了重要讲话,讲话中对互联网的优势做了充分肯定,并将互联网喻为大众创业、万众创新的新工具。"大众创业、万众创新"不仅是中国经济提质增效升级的"新引擎",更是高校大学生创新创业教育的"引航器",大学生通过创新学习努力创业就能够解决自身就业,还能带动所在学校乃至整个地区创新和创业,因此,将互联网运用到创新创业中对于大学生来说具有深远的意义。

在 2015 年 3 月的全国两会上,身为全国人大代表的马化腾就"互联网十"提出了专门的议案,其指出为了推进我国经济社会的创新发展,要以"互联网十"为驱动,充分发挥互联网的优势作用,为我国的建设事业服务。

关于"互联网十"的热度不减,在 2015 年 3 月 5 日全国人大三次会议上,李克强首次提出了"互联网十"行动计划,明确指出要推动互联网、云计算、大数据等与现代制造业相结合,从而实现电子商务、工业互联网和互联网金融的健康发展。

为了响应这一行动计划的提出和具体落实此计划,2015 年 7 月 4 日,国务院印发了《关于积极推进"互联网十"行动的指导意见》。文件中对"互联网十"战略做了明确肯定,其认为推动"互联网十"的发展是大势所趋,市场前景良好,拥有巨大的发展潜力,对于我国经济的发展具有重要意义。

国务院下发的关于"互联网十"行动的指导意见具有划时代的深远意义。这一意见是在充分认识和准确把握当前互联网发展规律的基础上提出的,为互联网与经济社会的融合发展做出了开创性的战略部署和设计。

总而言之,"互联网十"是对创新 2.0 时代,高度发展的信息技术与创新 2.0 相互作用、共同推进经济社会发展新形态的概括。互联网与经济社会的融合关键在于催生新的经济形态,为创新、创业提供优良的发展环境。与早期的"互联网十"传统企业有所不同,李克强所提出的"互联网十"内涵更加深刻,实际上是创新 2.0 下互联网发展的新形态和新业态。

二、"互联网十"教育的起源

2012 年 3 月 20 日,教育部正式发布《教育信息化十年发展规划(2011—2020 年)》。这一规划的施行说明了国家对 2011—2020 年十年间的教育信息化工作做出了系统的设计和安排,也为国家教育信息化的发展提供了行动纲领。

2015 年 3 月,李克强提出制定"互联网＋"行动计划,"互联网＋"第一次纳入国家的顶层设计,意味着教育的信息化时代正式到来,教育进入又一次大变革时代。自李克强在 2015 年政府工作报告中提出了"互联网＋"之后,教育界很多专家对"互联网＋"教育提出了自己的看法。

2015 年 3 月 27 日,在北京举行的一场新闻发布会上真格基金创始合伙人、一起作业网董事长王强认为"互联网＋"教育会生成智慧教育。

2015 年 4 月 9 日,中国教育报发表了题为"'互联网＋'时代的教育变革"的文章,该文指出对于中国教育领域,"互联网＋"又意味着教育内容的持续更新、教育样式的不断变化、教育评价的日益多元,一言以蔽之,中国教育正进入到一场基于信息技术的更伟大的变革中。

2015 年 5 月 4 日,中国教育报又发表了题为"'互联网＋'教育:冰火两重天"的文章。一边是"互联网＋"教育的"荒漠",老师都还摸不着头脑;一边却是互联网的"天堂",各式新鲜的教学方式正逐渐走进课堂。持不同观点的学者对此状况发表了自己的见解,其中较为中肯的有:"互联网＋"教育虽然会对传统教育造成冲击,使其有所改变,但不会颠覆传统教育,更不会改变现有的学校体制。

中关村新兴网络教育开发研究院院长李洪波也认为,传统教育和"互联网＋"教育是相互借鉴、相互促进,最终合二为一的关系。

在 2015 年 6 月 14 日的中国"互联网＋"创新大会河北峰会上,议题围绕"互联网＋"教育展开。业界权威对此展开了激烈讨论,并大致认为中国教育正迈向 4.0 时代(1.0 时代——以书本为核心;2.0 时代——以教材为核心;3.0 时代——以辅导和案例为核心;4.0 时代——以学生为核心)。

2015 年 6 月 9 日,光明日报发表了题为"'互联网＋'教育:机遇、挑战与应对"的文章,北京师范大学教育学部赵国庆指出,"互联网＋"教育的作用不容小觑,大家必须正视它。互联网与教育相融合,极有可能摧毁旧的、传统的教育生态,从而形成新的教育环境。为此,面对"互联网＋"带来的机遇和挑战,教育不能只是坚守和逃避,也不能以无所谓的态度听之、任之,而应该发挥自身的主观能动性,勇敢、及时地抓住机遇、迎接挑战,将互联网纳入麾下、为己所用。基于此,政府要发挥宏观调控下的市场主体作用,学校要敢于将知识教育转变为思维教育,使教育最大限度地发挥其育人作用。

从以上论述中我们不难发现,越来越多的人认识到互联网的发展对教育产生着深刻的影响。互联网的发展不仅打破了人们的地域边界,更改变着人们的思维方式和行为方式,使得教育悄悄地发生着从量变到质变的重大变化。专家学者们也指出,在开展信息化教育时不能偏离教育本身的轨道。"互联网＋"教育,重点在于"教育","互联网"只是一种辅助手段,"＋"就是指互联网和教育的融合,即新的技术以及思维方式、教学方式等的融合。

因此,在"互联网＋"教育下,教育的本质并没有改变,仍是以教师为关键、以学生为根本,发生变化的只是教学形式、内容、方法、机制、评价等。面对此种情况,无论是教育者还是受教育者,都要拥有一颗冷静的头脑,在准确把握"互联网＋"规律和认清"互联网＋"环境的基础上形成"互联网＋"思维,科学地发挥互联网的功能,使互联网真正为教育服务,推动教育的发展。

第二节 "互联网＋"教育的内涵

对于"互联网＋"的解释,一种广受认可的概念是:"互联网＋"

是一种新的经济形态,在这种模式下要求最大限度地发挥互联网的优势作用,在经济社会各领域中对互联网加以利用,融合其创新成果以提升企业的生产力和创新力,从而形成以互联网为基础和工具的经济发展新形态。本节在对"互联网＋"进行解读时,认为其涉及五个层次:"互＋联＋网"、"互联网＋"移动"互联网＋"物联网＋万联网＋产业互联网(如工业互联网、能源互联网)、"互联网＋"人、"互联网＋"其他行业、"互联网＋"∞,具体如图1-3所示。

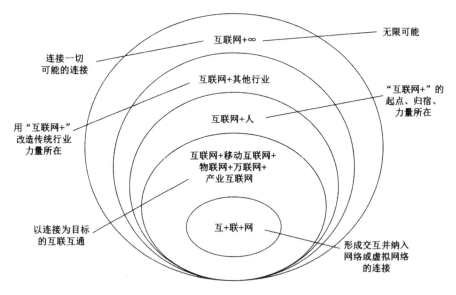

图1-3 "互联网＋"的五个层次关系图

通过以上分析,我们可以试着给"互联网＋"做出这样的界定:基于互联网平台,尊重人类的现实需求和可能愿景,运用信息技术(移动互联网、云计算、大数据技术等)建立一切可能的连接,实现人类社会经济、政治、文化、生态各个领域的突破和创新。

当互联网与教育结合在一起时,传统教育被赋予了新的生机与活力。具体来说,"互联网＋"教育包括以下几个方面。

一、创新育人教育理念

教育事业离不开教育者和受教育者这两个核心要素,教育的目的就是育人。在当前飞速发展和变化的时代背景下,一成不变只能坐以待毙,创新求变才能获得持久的生命力和不竭的动力,教育也不例外。"创新育人"是教育的理念和方法,"育创新人"则是教育的目标和归宿。在创新育人和育创新人过程中,拥有创新型的教师和培养出创新型的学生是关键环节所在。

推动教育改革创新,办好人民满意教育,关键在教师。教师是创新育人火炬手。"互联网十"教育,其最核心的一点就是"互联网十"创新教育,通过教师的创新教学、创新育人,引导和激励学生树立创新意识,培养学生具有创新思维、创新精神、创新能力是信息化教育的重要内容和目标。因此,如果说青年是中国创新的"梦之队",那么创新型教师就是中国青年创新"梦之队"的教练和引路人。此外,在"互联网十"的冲击下,教师和学生的界限也不再泾渭分明,教师也要不断转换身份,提高学习能力和创新能力。

面对波澜壮阔的改革大潮,要想创新育人,教师先要创新化己。通过大量中外文相关资料阅读强化教育创新意识、通过对外学习交流拓宽教师创新视野、通过创新教学实践累积教育方法和技术创新、通过课题研究提高科研创新能力,在这个过程中,通过方方面面的努力,创新意识、创新视野、创新方法、创新科研、创新实践"五位一体",不断推进教育理念、教育内容和教学方法的改革创新,自觉做改革创新的"火炬手",为创新育人打下良好的基础。

二、基于学生成长需求的跨界融合教育

经过一年的蓄势待发,2013年"大数据"火了,有媒体将2013

年称为"大数据元年"。大数据正从技术热词摇身一变成为一股社会浪潮，席卷社会的每个角落。与传统教育相比，大数据具有创新性、信息性、参与性、预测性、相关性等难以比肩的优势，这些无疑对传统教育造成了巨大的冲击，也对课堂有了更高的要求。何为好课，不同的人有不同的标准和看法，但基本上可以达到以下共识：一堂所谓的"好课"应该形成一种学生想学、爱学、善学的氛围，具体来说，即能够充分满足学生健康成长的知识需求和情感需求，能够具有无穷的魅力吸引学生参与到课堂学习中来，能够尽可能地调动学生的积极性使其自觉主动地学习，能够集知识传授、素质培养、能力开发于一体。这样的课堂才是真正有益于学生学习成长的课堂。

古语有云："师者，传道、受业、解惑也。"课堂是教师传道、授业、解惑的"主战场"，更是学生求学问道的重要载体。教师的敬业治学是为了使学生徜徉于学海，像一块海绵孜孜不倦地汲取知识，从而使其想学、爱学、善学。一堂真正的好课必须将"育人"放在第一位，时刻将学生摆在核心位置，从学生的需求出发，为学生服务。在设计教学内容的时候要以学生的特点和当前的教学状况为参照，既尊重学生的基本需求（情感需求、知识需求），又力求满足学生的成长需求（能力需求、素质需求）。基于此，对学生的心理状况、学习状况、能力状况等内容有一定的了解是开展教学工作的基础，而大数据的数据分析和数据挖掘恰好可以帮助教师更好地了解学生的全方位需求，教学做到有的放矢。"互联网十"能够做到将学生受到的历史教育和现实需要有效地契合在一起，还能做到跨界联合形成教育联盟。

2013年，在吉林化工学院数学课程讲堂上发生了意料之外却又情理之中的一幕，教师杨金远在讲授"向量代数与空间解析几何"时，突发奇想，将画出的空间直角坐标系的x轴、y轴、z轴分别标注为国家坐标、社会坐标和个人坐标（图1-4），想以此图来立体地对"中国梦"加以解释，传递正能量。在学习了习近平系列讲话精神之后,杨老师原本只是想简单地与同学们做些交流沟通,向他们传递一些正能量,没想到反响如此热烈,同学们纷纷拿出手机拍照,并表示觉得"中国梦"离自己更贴近了。

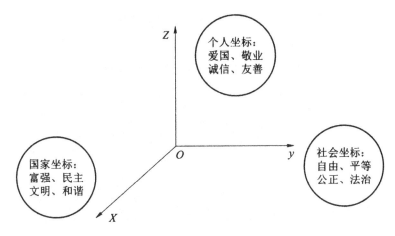

图 1-4 图解思想政治

身为理科教师的杨金远老师一直对德育工作比较重视,其认为德育是最重要的课题且无处不在,身为教师有责任和义务对学生进行这方面的教育。他还指出德育工作是一项复杂的系统工程(图 1-5),需要全体工作人员相互配合,发挥团队优势。实际上,杨金远探索了一种新的教育模式,那就是形成跨界融合的教育大联盟,围绕着培育"四有新人"这个目标,播下"思想政治"的种子,培养社会主义合格建设者,形成"思政课教学与专业课教学、理论教学与实践教学、传统教学与信息教学、课堂教学与日常教育、线上教育与线下教育"的德育大联盟。此外,在"互联网十"的冲击下,专门的教育组织和闲散的教育机构之间的界线并不明确。社会上的教育机构相对来说灵活性更大,时间更加自主,正严重冲击着学校教育机构。同时,育人单位和用人单位也存在着分工不明确的情况,逐渐融合,形成教育共同体。无论如何,这些都推动着教育的协同进步。

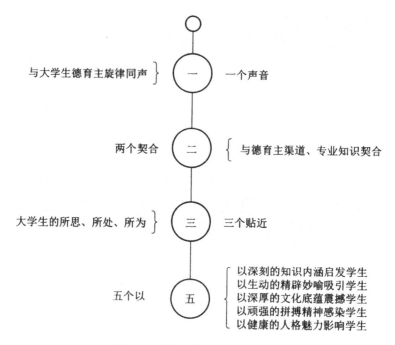

与大学生德育主旋律同声 } 一 一个声音

两个契合 二 { 与德育主渠道、专业知识契合

大学生的所思、所处、所为 } 三 三个贴近

五个以 五 {
以深刻的知识内涵启发学生
以生动的精辟妙喻吸引学生
以深厚的文化底蕴震撼学生
以顽强的拼搏精神感染学生
以健康的人格魅力影响学生

图 1-5 大学生德育工作系统工程

三、全时空创新育人＋环境

学校通过互联网平台，将创新育人无死角地贯穿于课堂教学、实习实训、社团活动、社会实践以及校园环境、宿舍布置、人际关系等育人全过程，创设全时空创新育人＋环境，如图1-6所示。

通过邀请企业专家进校园，对学生进行创新思维训练；通过所在城市的创客空间，可以有效提升学生创新实践能力。2015年1月28日召开的国务院常务会议上，提出"构建面向人人的'众创空间'等创业服务平台"的表述让人眼前一亮。此次会议提出，要在创客空间、创新工厂等模式的基础上，加大力度促进"众创空间"的发展，使其充分发挥集成化、市场化、网络化、专业化等的优势，实现创新与创业、线上与线下、孵化与投资相结合，为小微企业和个人的创新创业提供服务平台，以低成本、便利化为优势，切实为他们提供帮助。据了解，在"大众创业、万众创新"的大趋势下,顺应中小企业和大学生自主创业的需求,笔者所在的城市——保定高新区打造了 1000 平方米的"创客空间"场地,为创客团队提供包括固定工位、流动工位、办公室、会议室、成果展示大厅等活动空间,为创客们提供激发创意、工作交流、学习培训、成果展示等全方位服务。通过建设网络技术专业教学资源库、数字媒体专业群国家教学资源库,有效提高教学情境与行业岗位的吻合度,实现网络技术资源信息化与共建共享,为创新人才培养创设良好环境。

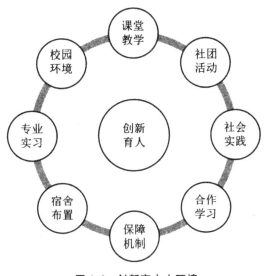

图 1-6　创新育人十环境

四、"三大课堂"联动的教育流程

三大课堂指的是传统课堂、实践课堂和微课堂。大学的课程都存在这样的普遍性问题:内容多课时少、理论讲授多实践练习少,如何化解呢? 这就需要借助微课堂和实践课堂。由于教学内容多、学时少,教师在传统课堂上不能展开的教学内容就可以借助微课堂来实现了。以《思想道德修养与法律基础》课"第一章追求远大理想坚定崇高信念"为例,可以在借助数据搜集和学情分析充分了解学生的成长需求的基础上,开发微课堂《中国梦与美国梦》《中国梦与世界梦的和谐统一》,帮助同学加深对理论课堂的知识理解,微课堂可以是课后的,也可以是课前的"翻转课堂"。如结合奥运梦的追梦历程,让学生分析奥运梦的筑梦、追梦、圆夏奥梦、申报冬奥会成功来把握理想与现实的既对立又统一的辩证关系,启发学生认识到理想源于现实、理想高于现实,理想的实现不是一帆风顺的;再结合视频教学:《青蒿素研制历程揭秘》升华到理想的实现需要坚定的信念和艰苦奋斗的实践,这样一一解开学生关于理想与现实的种种疑惑;最后在实践课堂(实践作业)《梦想三部曲》"筑梦、追梦、圆梦"(订立小目标、制定追梦计划、总结圆梦经验)中体现梦想成真的成就感。

如果将传道、授业、解惑喻为教师职责的三部曲,传统课堂主要完成第一部——传道,实践课堂主要完成第二部——授业,微课堂则主要完成最后一部——解惑,前两者注重的是知识的传播和能力的提高,后者则注重的是素质的拓展。三大课堂形成了"三位一体"的教育格局,相辅相成,共同促进教育的发展和学生的进步。在三大课堂中,教师不仅能充分利用资源,还能够指导学生网络学习和实践学习,无论是课前还是课中、课后的每个环节,都能做到既传递知识,又培养能力;既提升素质,又开发智力,从而给学生带来阳光般的温暖,为他们的学习、生活、实践提供更多的正能量,在强化知识、提升能力、培养技能、提高素质的基础上,进一步帮助学生健康成长,启迪学生的人生智慧,进行创新性学习。

总体来说,正如一些专家反复强调的那样,互联网与教育的融合将会对传统教育造成冲击和改变,但是不会彻底颠覆传统教育,更不会彻底改变当前学校的教育体制。"互联网十"教育是一种全新的教育理念和教育模式,是"互联网十"背景下创新育人、协同育人、生态育人、联动育人、立德树人的全时空教育。

第三节 "互联网十"教育的特征

张晓峰在《"互联网十"国家战略行动路线图》(李克强"互联

网十"国家战略腾讯官方解读)一书中,对"互联网十"的特征总结为跨界融合、创新驱动、重塑结构、尊重人性、开放生态、连接一切。"互联网十"教育在"互联网十"的六大特征基础上也有其独特的表现。

一、跨界融合之线上线下教育联盟

2014 年 11 月 4 日国内线上和线下两大 IT 培训巨头、首屈一指的在线 IT 培训机构"北风网"与浙江省最大的 IT 培训实体"博学教育",整合在线教育进行跨界合作。此次"北风网"与"博学教育"的合作,深入整合了前者强大的线上产品平台传播优势,并引入后者实体口碑资源,推出了合作品牌课程"Linux 7 企业级运维",仅上线一天,便受到广大用户的欢迎,学习踊跃。

学科网创始人、北京凤凰学易科技有限公司总经理陈学艺博士曾经多次在公开场合分享"在线教育发展需要合力,不需要角力"的观点。他提出"教育大联盟,携手进校园"的合作方向,并且已经在多个层面为学科网找到了众多"联盟伙伴"——2015 年 6月,学科网举办第一届"'互联网十'教培行业峰会",积极与教培机构寻求联盟合作;7 月,学科网与台湾京尼集团达成战略合作,把产品推向境外,又与北京泰德汇智科技公司达成战略合作,共建校园安全生态系统;8 月,学科网与魔方格达成战略合作,共进公立校园;9 月,学科网分别与凤凰传媒集团、山西教育教辅集团、清华大学出版社、东北师大出版社、民进开明出版社、韩国出版机构等签署战略合作协议……陈学艺希望用行业的力量把在线教育推入一个新的"合力"发展阶段。或许,"合力"将成为"互联网十"时代在线教育行业发展的一个关键词、流行词。

在当今互联网高速发展的时代,一方面,在线平台通过线下实体增强自身的口碑力度,吸附更多优质访问量;另一方面,优质线下资源通过完善的线上平台得到了最大化的释放,迅速提升知名度,这形成了顺应时代的新型合作融合模式。

　　有学者认为在互联网、移动互联网乃至大数据的冲击下,传统模式被颠覆。"这种颠覆本身带来的是融合,以及新生态的出现和蓬勃兴起,这些都是跨界的土壤。跨界,必须跨越思维观念之'界','互联网＋'针对问题痛点、体验空白、价值盲区所实现的跨界融合会带来很多亮点,状态切换是新旧力量的角力,是心智与习惯的转变,需要时间考验,要经受质疑的煎熬。跨界,应该成为一种行为方式。"①

　　"互联网＋"教育同样也是如此,也必须跨越思维观念之"界",也应该成为一种行为方式。因为各个学科之间、各门课程之间、教育环节之间、线上线下都存在着割不断的必然联系。以哲学与科学为例,哲学孕育了科学,而科学则推动了哲学的发展,两者相辅相成,在任何时候都不可偏废。笛卡尔曾经这样说过:知识好比是大树,哲学是树根,科学则是树枝。海德格尔认为"科学的基础是哲学",并强调"这一点适合于任何一门科学"。而马克思则在肯定了科学于历史变革中的推进作用的同时,指出了只有哲学才是批判现实世界的"思想武器"。自然科学总是不断向哲学提出新问题和新要求,从而推动哲学不断前进,哲学对科学的发展具有重要的世界观和方法论的意义。科学只有在正确的世界观和方法论下才能健康地成长,专业技术的飞速发展也只有在正确的价值观的引领下才能创造更大的社会价值。现实生活中出现的食品安全事件、药品安全事件,都证明了"诚信经营,合法致富"的价值准则在市场经济运行中的重要性。一旦背弃了这样的价值准则只顾追逐巨大的经济利益,这种情况一经曝光,立即会引发人们对食品、药品安全的恐慌以及对这类行业的信任危机。每逢端午节前夕,市场上有的粽子,特别是真空包装的粽子,表面光亮、色泽深绿,就像新包出来的一样,远比那些暗黄色的粽子诱人得多,因此吸引了不少消费者。但有些真空包装的粽子是利用"返青"粽叶包出来的。所谓的"返青"粽叶是在浸泡粽叶时

---

　　① 马化腾.连接一切"互联网＋"国家战略行动路线图[M].北京:中信出版集团股份有限公司,2015,第47页.

添加硫酸铜、氯化铜、氯化锌、工业碱等工业原料泡制而成的。这样的"返青"粽子看上去非常新鲜，但是附着在粽叶上的重金属元素却会逐渐渗透到粽子中，不仅吃起来口味差，没有粽香，而且大量食用会引起铜中毒，危害人体健康。这种畸形的"以低成本换取高产出"的生产模式，像瘟疫一样在食品行业传播着。鸭肉变致癌牛羊肉、霉变饼干变月饼、酵米面汤圆竟成杀手等一系列威胁人们健康的食品事件，让我们在惊诧于人们制造"致癌食品"的"高超"技术的同时，越来越担心"信仰的荒漠，怎能立得起伟大的民族"。因此，必须在将教育放在第一位的前提下加强思政学科的教育，从学生的意识形态出发，培养符合时代要求和社会主义现代化建设需求的接班人。

在第二十三次全国高等学校党的建设工作会议上，习近平就高校党建工作做出重要指示，要加强党对高校的领导，加强和改进高校党的建设，坚持社会主义办学方向，坚持立德树人的思想引领。在互联网时代，学校并非学生学习的唯一途径。互联网也是一种价值观和价值观的传播，对于企业来说，互联网可以让用户带来用户，让口碑赢得口碑；而对于教育来说，从来都是身教重于言传，互联网可以化技术为邪恶，同样也可以化腐朽为神奇，化知识为力量。然而，大千世界带来的新奇与多彩，使得处于成长期的高校学生容易缺乏主流观念和理想。融合是一种气度，一种力量，一种勇气，一种追求，作为人才的摇篮——高校——要借助"互联网＋"将立德树人贯穿于各学科各专业教学中，贯穿于各个教学环节中，渗透于各种文化教育和主题活动中，传播于各种载体和媒体中，强化于各种社会实践、专业实践、网络实践和校园实践中，将培育和践行思想政治融入教育全过程，使思想政治像空气一样无所不在、无时不有，所有的教育者围绕着"立德树人"总目标，唱响思想政治总旋律，形成以立德树人为核心的跨界融合之线上线下教育大联盟，让每个教育者和受教育者自觉地将培育和践行思想政治变成一种行为方式。此外，"合力"不仅会成为2016年在线教育行业发展的一个关键词、流行词，更会是高等教育线上线下的大联盟,是各种教育资源的大融合。

二、创新驱动之创新创业教育革新

当今社会飞速发展,不创新求变就等于故步自封、坐以待毙。国家要发展、社会要进步,就必须创新,而创新型人才则是其中的核心竞争力。在《国家中长期教育改革和发展规划纲要(2010—2020年)》中,既全面又深刻地论述了"创新人才培养"的相关内容。该文件明确指出创新人才培养不是一个简单的工程,而是成体系的、需要各方积极配合的复杂工程,在这一过程中要努力发挥各环节、各要素的作用,共同推进创新人才的培养。

李克强在2014年度国家科学技术奖励大会上发言时讲道:国家要想实现大繁荣和大发展,就必须推动万众创新。当前我国已经步入现代化建设的关键时期,创新不仅能够增强我国经济社会发展的活力,还能够使得我国各方面的发展永葆生命力。因此要坚定不移地走创新驱动发展之路,使得人人都拥有创新意识并创造出创新成果,反之创新成果亦惠及人人。

此外,科技创新已经处在国家发展全局的核心位置。2015年,国务院下发专门文件鼓励和推动科技创新,文件题为《关于深化体制机制改革加快实施创新驱动战略的若干意见》,旨在实现科技创新、制度创新、开放创新的相互促进和协同发展。

党中央、国务院高度重视高校创新创业教育工作。党的十八大和十八届三中全会做出重要部署,中央领导同志多次做出的重要指示为深化高校创新创业教育改革提供了基本纲领。2015年5月,国务院办公厅印发《关于深化高等学校创新创业教育改革的实施意见》(以下简称《意见》),全面部署深化高校创新创业教育改革工作。2015年6月3日,时任教育部长袁贵仁在深化高等学校创新创业教育改革视频会议上提出,要把创新创业教育贯穿于人才培养全过程。

《意见》从高校创新创业教育改革着手,以此推动高等教育的综合改革。《意见》要求高校从根本上树立创新创业教育的理念，将创新创业摆在突出位置，面向全体学生，结合专业特征有针对性地开展教育工作，强化实践育人的作用。及时总结反思，对人才培养的薄弱环节有所突破，全面促进学生各项能力的发展，增强学生创新创业的思维和能力，从而提升人力资本素质，为大众创业、万众创新的美好愿景造就生力军；统筹教育要素和资源，形成齐抓共管、开放合作、全员参与的新局面，共同促进创新创业教育环境的形成。《意见》明确了三个基本原则，即坚持育人为本，提高培养质量；坚持问题导向，补齐培养短板；坚持协同推进，汇聚培养合力。《意见》对这一工作做了具体规划，提出要做到以下几点：①对人才培养质量的标准进行丰富、完善；②对人才培养机制加以优化、创新；③建立、健全创新创业教育的课程体系；④顺应时代和学生的变化，改革教学及考核方法；⑤发挥创新创业教育的实践作用；⑥对部分制度进行改革，如教学和学籍管理制度；⑦强化师资，提升教师的创新创业教育能力；⑧为学生提供创业指导服务；⑨为创新创业提供良好的资金支持，完善各项政策法规。其中，第七个任务特别明确了全体教师创新创业教育责任。《意见》总体目标、主要任务和措施如图 1-7 所示。

为了更进一步地推动高校思想政治理论课的创新创业教育，2015 年 7 月相关部门印发了《普通高校思想政治理论课建设体系创新计划》，该计划对当前高校思想政治教育的状况做了简要分析，提出了以下几点问题：教师队伍的整体素质不够高、能力不够强，不能适应新时期思想政治教育发展的要求；高校思想政治教育创新的手段有限，难以真正有所突破；并没有能够有效地将社会资源整合起来，还需要对创新理念加以宣传和普及。针对思政课存在的客观问题，该计划指出，必须组织高校教师深入学习和贯彻落实习近平的系列讲话精神，对思想政治课的重要作用有清醒的认识，做好长期创新思想政治理论课建设体系的准备，以坚定的信念和信心攻坚克难，扎扎实实地做好思政教育。该文件还从宏观上对高校思想政治理论课建设体系创新做了规划，明确指出了这一行动的指导思想、基本原则和目标任务。

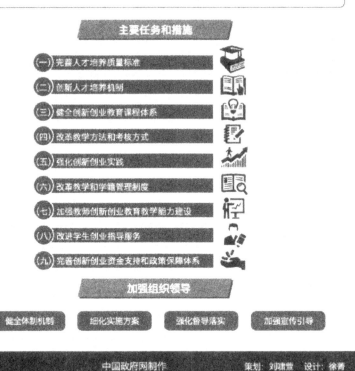

图 1-7　图解国务院办公厅关于深化高等学校创新创业教育改革的实施意见

2015 年,相关人员对高校思政课教材《思想道德修养与法律基础》进行了修订,并将"创新"作为重要内容加入其中,创新人才培养也成为该课的核心目标之一,这有力地印证了上述创新计划实施的高效性。

国家所倡导的创新驱动具有重大的战略意义,既是对机制进行改革,也是对体制进行重构,必将对现有的环境和规则产生重要影响。创新驱动说明了我国的经济建设正从过去的对外开放为主转化为对内开放为主,旨在唤醒每一个个体的创造细胞,激发其创造性,从而塑造整体开放、自由活泼的生态环境。因此,李克强说大众创业、万众创新实际上是一个改革。而所有的改变都离不开"互联网＋"这个平台。因此,"互联网＋"时代,教育革新势在必行。各地都应从自身实际出发,加快信息化与教育的深度融合。一方面,加快实施"国家数字资源公共服务平台规模化应用"试点建设,发挥"教育云平台"的作用,着力构建"互联网＋"课堂、"互联网＋"管理、"互联网＋"文化、"互联网＋"创新模式,着力提高课堂的活力和质量、管理的科学性、文化的滋养性和创新人才培养的实效性,让孩子从小树立创新的理念,培养创新思维和能力,帮助中小学生从"受教育者"变为"创造者"。另一方面,大力推进"利用云计算技术促进城乡教育均衡发展"试点建设,按照习近平"努力以信息化为手段扩大优质教育资源覆盖面,让亿万孩子同在蓝天下共享优质教育、通过知识改变命运"的要求,通过发挥云录播平台和资源公共服务平台的作用,促进城乡教育的均衡发展;特别是高校,应以落实《关于深化高等学校创新创业教育改革的实施意见》为契机,大力实施"互联网＋"战略,以提升受教育者综合实践能力为核心,为培养具有国际竞争力的创新人才提供有力支撑。

三、重塑结构之网上网下资源整合

互联网时代是一个开放、合作、共赢、众创的时代。互联网不仅延伸了现实时空,改变了地理边界,还变迁了关系结构,让社会结构随时面对不确定性,为教育结构的重塑和整合提供了更大的空间;移动互联网使得随时在线成为可能,移动终端随时随地可以被接入互联网,这使教育的"全时空"成为可能;互联网信息的民主化、参与的民主化、创造的民主化盛行,人人是信息的制造者,人人都是信息的传播者,"自媒体"愈演愈烈,如何帮助学生进行信息处理和引导他们积极传播正能量,是互联网时代教育必须解决的课题；互联网、社群、分享大行其道，这使教育的途径不断得到丰富和发展；学生的需求和行为与互联网发生着越来越紧密的关系，如学习、娱乐、购物等；互联网和大数据的联合可以做到在充分了解"80后""90后"，甚至"00后"的基础上不断提高理解用户的能力，进而采用他们喜好的方式与他们对话、交互、交流，在这个过程中传播和渗透核心价值观；互联网还可以打通用户的关联，让分享更直接，评价更真实，这有助于教育者不断提高教学能力和水平；互联网还集成了大众智慧，互联网教育中学生就是用户，学生用户可以参与设计、参与创新、参与传播、参与内容创造，可以通过评价教学内容、教学设计、教学形式、教学案例、教学方法和手段来参与管理；不断出现的众筹、众创、众挖等互联网新经济形态，既向人们展示了商业的新格局，也体现了经济社会的新范式、教育的新途径。"以众智促创新，以众包促变革，以众扶促创业，以众筹促融资"，这是我国形成创新驱动发展新格局的基本要求。我国的传统教育历史悠久，在线教育作为教育的一种新形式，在发挥自身优势的同时必须从传统教育中借鉴和吸收经验，这样有利于少走弯路和岔路。互联网可以更好地实现孔子的"因材施教"和今天教育专家倡导的"因材施教"的完美结合。"因材施教"强调教育要从受教育者的实际现状出发，依据学生的认知水平、性格特点、学习能力以及自身素质，展开有针对性的教学，促进学生全面发展；"因材施教"强调要着眼于社会对于人才素质的要求，从国家、民族对于人才要求的德智体美四个方面出发，将学生的个人发展与社会需要很好地结合在一起，对学生进行着眼于未来的全面成长成才教育。互联网、大数据能够更科学地分析学生的学情和实际需要，而"互联网＋"的资源整合能够整合所有的教育主体形成教育合力，对学生进行立体式的全方位教育。纵观我国现阶段的在线教育网站，大多活力不足。尽管内容丰富，甚至很有阶段性，囊括小学至大学、考试、培训等所有内容，却由于人力、物力、财力等资源有限，致使内容杂而无章，全而不专。然而，中华会计网校、新东方、学而思这些在线教育网站却独树一帜,是因为他们突出的教学特色、更多的优质资源赢得了市场和用户的认可。所以说,在线教育要想蓬勃发展,最大限度做好有针对性的教育资源整合、创造优质资源、深挖资源价值才是生存和发展之道。

在线教育曾被誉为 2014 年互联网最有前景的领域。除腾讯外,百度、阿里巴巴也试图通过投资的方式分享在线教育行业的成长:百度于 2013 年向传课网投资 350 万美元;阿里巴巴也曾对 Tutor Group 投资了 5000 万美元。同时,网易、新浪、360、金山等互联网企业亦推出自己的在线教育产品。大唐电信研发的 Fans-Pad 智能纠错本已于 2014 年 4 月 2 日在瑞德商城正式发售,大唐电信也由此发生了跨界转变。

相比 2013 年井喷发展、2014 年融资潮,中国在线教育在 2015 年的发展更显理性——行业细分更明显,资本选择更慎重,盈利模式更被关注,变现能力被反复提及……在线教育的发展不是某个或某几个资本大鳄"烧钱"就能完成的"项目",它更多地体现为行业整体的发展。

四、尊重人性之学生核心育人为本

马克思运用辩证唯物主义和历史唯物主义的立场、观点和方法,解开了人的本质之谜,他认为人的本质是一切社会关系的总和。确实,生活在复杂的社会关系中,每个人都不是独立存在的,都与其他人、事、物产生着各种各样的关系。人的本质属性是社会属性,每个人从他出生那天起就是社会的一分子,与社会产生千丝万缕的关联。这些社会关系在互联网时代具有了互联网的鲜明特征,而互联网也越来越趋向于尊重人性,UGC(用户生成内容)、卷入式营销、分享经济,都体现出将人放在第一位,表达了对人性的尊重。因此,人成为互联网关系的核心。

"互联网十"的发展给人们带来的不仅仅是技术的进步和生活条件的改变,更是一场思维变革。在互联网世界可以说没有地域的界线,人们能够随时随地地进行交流,通过互联网满足自己的一切基本需求,很多非 IT 界人士瞠目结舌地看着互联网技术的迅速革新及其带给人们的巨大变化,传统思维受到颠覆。"互联网＋"强调流量思维、简约思维、极致思维等,其中用户思维是核心,它对人们的生活提出全新的挑战,高等教育也不例外。"互联网＋"教育要求高等教育应完成由"教师中心"向"学生中心"的转变,因为互联网时代,教育对象再也不是被动接受的对象,而是整个知识传播的中心。2010 年 5 月,"雅思哥"因在网上免费提供大量关于雅思考试的资料,得到了网友们的这一昵称。5 年过去了,"雅思哥"在"考雅"一族中拥有巨大影响力,每天微博新增五六百粉丝,一年能增加 18 万～20 万粉丝,就是因为"互联网＋"教育精准投放才吸引大量粉丝。"雅思哥"赢得粉丝们的忠诚,总结成功经验,无非"给予"二字。为用户创造价值,在这个时代,知识日新月异,学生成长需求每时每刻都在发生着变化,教育要以学生为出发点和立足点,对传统的教育体系加以改变,将传统的普遍技能传授转化为社会岗位化的知识类型;要促进课堂空间向社交媒体空间转型,使得教师与学生形成平等交流关系;同时将校内资源和校外资源融合,建立学校、企业、社会的动态连接;变换教育方式,将"满堂灌"的灌输型教育转化为师生互动的探讨式教育,最终实现团队协同塑造式教育。

当人们步入 2015 年,互联网也迎来了发展的新纪元——"互联网＋"时代,同时也是真正的大数据时代即将来临。作为这一时代来临的标志之一,所有的数据和信息都会存在云端。与此同时,手机互联网或者移动互联网,尤其物联网、车联网,包括可穿戴设备、各种智能硬件,将会拥有比 PC 互联网更实时、更广阔的数据采集能力。大数据的发展深刻改变了人们的信息传播主体理念,在互联网技术的辅助之下,人们开始从更多元化的视角来观察事物、理解事物,信息的传播也变得更加符合受众的接收规律。在这个过程中,逐步推动真理与信息的碰撞、信息与人之间的勾连、人与人之间的传播,变受体为主体。大数据有能力更好地针对学生的性格人格、心理精神、个体需求和学情合作制定更具科学性、针对性的导学方案,帮助学生树立与时俱进的学习理念,用数据挖掘和数据分析技术帮助学生分析问题和解决问题,丰富他们的学习方式,为他们提供更有效、更直接、全时空的互联网学习指导和工具,建立以学生为中心,由导学方案、学习理念、技术支撑、学习方式、学习工具五个元素,先学后教、学情分析、小组展示、教师总结、能力拓展五项策略,形成三高效、三调动、三大量、三倡导、三创新为特征的高效课堂,内容及关系如图 1-8 所示。

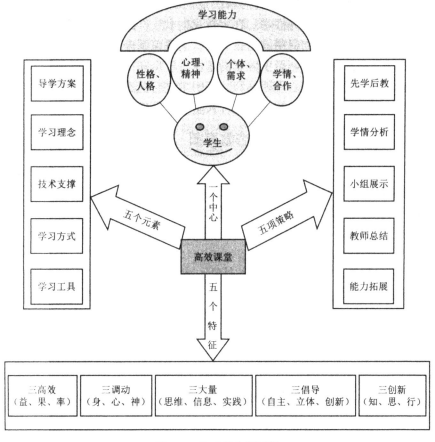

图 1-8 思政课高效课堂

思想政治教育实践的过程中,政府、专家和教育对象之间是脱节的,是隔离的。其中,研究成果的评价往往是由相关部门邀请专家进行评选,而作为被教育主体的大学生却被忽略了,他们失语了。一味地讨好和献媚,而不考虑学生的感受,教育越多,效果越差。在互联网社会,每个个体都有一个 ID,它代表了诚信、代表了创新、代表了用户刻画。成败系于"人","＋"是价值创新和价值实现的要素,通过大数据技术建立互联网信息卡、信用记录卡,沉淀大量信任关系,重构信任关系,建立动态连接交互分享系统,发展社群与管道,以别人的能动性为主导,来放大他们的梦想,提供梦想实现的生态条件支持,创造推动进步的土壤;通过搭建数据云创新学习平台(知识云、管理云、教育云、物联云、数据云),还可以更好地了解学生接受教育的历史与现状,可以根据他们的个体性特征为他们量身定做微课堂、翻转课堂和慕课,通过微博、微信、QQ 即时解决他们的知识疑难和思想困惑,真正做到以学生为中心、以育人为根本。大数据时代有三个非常显著的特征:海量、多样化和快速处理。"大数据"的重点便落在"数据"二字上,通常表现为数据的挖掘和应用,这保证了信息传播和接收的质量,有助于教师根据数据分析对学生可能出现的心理困惑和理解困难进行前瞻性的设计,这使得教育更能有效引导学生树立科学的世界观、人生观、价值观。

五、开放生态之互联网生态教育圈

"生态"一词最早出现在古希腊文中,指以自然环境为依托,一切有生命的物体的生存和发展的状态,同时也包括其生理特性和生活习性,现在通常是指生物的生活状态。随着时间的推移,生态的含义也并不囿于原来的范畴,人们现常用"生态"来定义很多美好、和谐的事物。

生态是"互联网＋"非常重要的特征,生态本身就是开放的,无论是跨界融合、创新驱动,还是重塑结构、连接一切,都需要营造开放的生态环境。构建生态不是一句随随便便的口号,它既需要投入精心的设计,又需要发挥各构成要素之间的特性,如连接性和能动性。创意、创新是生态的一个要素,生态既要有种子,还需要土壤、空气、水分。生态的内外部结构不能是自我封闭的构筑,而应该可以使信息形成有机交换。在互联网时代,信息随时可以交流、分享,因此还要保持独立、个性和尊重。不管是数据开放、云平台还是提供连接,都是把更多的信息孤岛连接到各自的生态体系,一起共生、发展,让各自生态体系的用户获得更高的品质,促进良性竞争。

为了实现可持续发展,营造一种良好的生态文明,人们将生态与教育结合在一起,使生态学的思想理念与全民性教育的生态学过程融为一体。生态进课堂,就是为学生创造可持续发展的教育环境的教育,它的核心是人性和科学的结合。

互联网打破时间、空间限制这一物理属性,在云计算、大数据、物联网这些智能属性的共同作用之下,教育行业的某些先驱者已经逐步构建了一个全新的生态圈——"互联网＋"教育生态圈,这一生态圈的实现将使学生学习、学生评价、教师评价、教师专业发展、大数据分析反馈等进行联合,推动教育教学改革与实践。互联网时代提供了一个智能服务,以学科为载体,构建现代信息技术与新兴的学生学习评价、教师专业发展网络平台,在师生学习发展方面,由单纯的资源提供向师生自主参与、互动反馈转变。通过互联网,学生能真正实现自主学习,参与测试评价,对自身学习情况进行反馈,从而获得更有针对性的学习资料,实现"提优补差、因材施教"的效果。教师也可以自行测试自己的专业知识,不断提升自己的专业素养。除此之外,互联网还能通过收集学生学习、测试,教师测试的数据,以及相应的背景信息的大数据,进行全面的数据分析,为使用者提供宏观的规划和建议,为教育行政管理部门、学校的管理者提供科学决策的依据。

李克强在 2014 年度国家科学技术奖励大会上发言时强调:"要营造鼓励探索、宽容失败和尊重个性、尊重创造的环境,使创新成为一种价值导向、一种生活方式、一种时代气息,形成浓郁的创新文化氛围。"不断优化生态是推动"互联网＋"的重要手段,好的生态激活创造性,放大创造力,孕育创意,促进转化,尊重人性,把孤岛式创新连接起来,形成"互联网+"生态圈,带来社会价值创新。创新创业教育亦是如此,互联网、生态化降低了门槛,提供了多种合作、协作的可能性,激发教育"群体智能"即大众智慧、大众协作有可操作的空间。"互联网+"提供了新的人际组合、交互、融合方式,熟人分享、社群交互这都成为催生群体智能的可能因素,同时也为我们开阔了"互联网+"教育的新的视野——"互联网+"生态教育圈。

第十五届中国教育信息化创新与发展论坛于 2015 年 10 月 24 日在杭州召开。崔勇(全通教育首席产品官)在论坛上发表了重要演讲,主题为"做校园的首席信息官"。全通教育不同于传统的教育类的公司,它提倡将信息技术作为重要载体为教育服务,形成"全课云"智慧教育生态圈。

"全课云"智慧教育生态圈如图 1-9 所示,包括九个版块的内容。

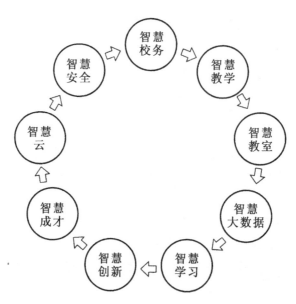

图 1-9 "全课云"智慧教育生态圈

由上图可知,"全课云"智慧教育生态圈的九个版块分别为智慧安全、智慧校务、智慧教学、智慧教室、智慧大数据、智慧学习、智慧创新、智慧成才、智慧云。以下对这九个部分做简要介绍。(1)智慧安全:包括考勤、门禁、机房、食堂等的一卡通服务;(2)智慧校务:对所有教务流程进行定制化的串联;(3)智慧教学:整合数据资源和智慧教育平台,为教学工作服务;(4)智慧教室:使用多媒体系统,进行分享式教学;(5)智慧大数据:通过数据分析了解学生的学习情况;(6)智慧学习:开发和开放学生学科辅导和应用系统,使学生无论在家还是在学校都能进行有效学习;(7)智慧创新:根据学生特点、特长组建团队进行创新;(8)智慧成才:根据学生的成长阶段和学习状况制定学习计划,助其成才;(9)智慧云:在校园管理中运用云服务。这样的生态教育圈既尊重了教育的"育人为本",又将信息技术形成封闭教育圈,体现了教育在线上线下的结合、网上网下的协同作战。在"全课云"智慧教育生态圈中,互联网推动了教育的自我进化,使人们既成为教育的生产者,又成为教育的消费者,共享信息技术带来的教育成果。

六、连接一切之织成教育联动网络

何为"连接"?即将所有能够生成信息且有可能实现信息交互或者对信息产生影响的因素,利用信息通信技术特别是智能化的方法连接在一起的过程和状态。连接是互联网的未来,更是"互联网+"的核心。

用"互联网+"的方式去"连接一切",这是腾讯 2015 年的关键词。互联网时代的教育也必须实现"连接"。对于"互联网+"教育来说,就是要借助能借助的一切力量和资源进行创新育人、育创新人,就要搭建数据云平台,融合各种教育资源和力量,利用信息通信技术特别是智能化的方法通过各种媒介和载体将教育者和受教育者更好地连接在一起,建立纵横两条线的动态"细胞级连接",织成教育联动网络。

(一)国民教育全过程网络信息连接

教育信息复杂多样,各种档案文件难以整理归类,随着信息技术的发展,互联网为解决这一问题提供了较为有益的借鉴。以教育者为例,借助"互联网十",通过数据开放、云平台、提供连接,就可以把一个学生从他出生起到学前教育、基础教育、高中教育、大学教育等更多的信息孤岛连接到受教育者分析的生态体系,这样就能够对学生有一个"前情全面把握",当然也就更容易针对不同的学生确定不同的解决方案,同时还可以借助"兴趣 QQ 群""微信爱好圈"将更多志同道合的同学连接到一起,通过 QQ 群、微信圈对他们进行特殊教育,增加与他们的互动,赢得他们的信任、信赖,将教育化为细雨春风,"随风潜入夜,润物细无声"。

(二)立体全时空多维协作连接

"互联网十"既然是连接一切,除了要做到国民教育全过程网络连接即教育网络的纵式教育链,更要在同一阶段综合各种教育资源,建立家庭教育、学校教育、社会教育、网络教育、自我教育的连接平台,还要做实、做细、做小,把任何一个空间的教育资源建立连接,形成教育途径的"线上线下"移动互联,教学力量的"学校教育、家庭教育、社会教育、网络教育、自我教育"五位一体,教育形式的"课堂教学、实践教学、网络教学、文化滋养、主题活动"五位一体,"合力育人"教育模式,从而建成立体全时空多维协作连接。具体内容如图 1-10 所示。

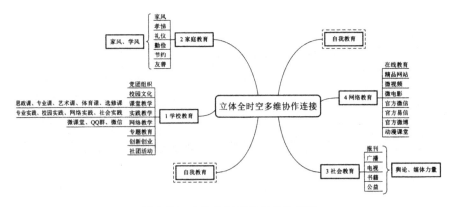

图 1-10　立体全时空多维协作连接

立体全时空多维协作连接的建立需要注意以下两个方面。

第一，"学校教育、家庭教育、社会教育、网络教育、自我教育"教学力量目标统一，那就是用思想政治引领各层次、各个形式的教育，培育中国特色社会主义合格建设者和接班人。

第二，要帮助学生建立创新学习和合作学习的理念，重视培养学生的创新能力和合作能力。当今时代，知识更新周期大大缩短，学生要成为未来国家建设的人才和各个行业的骨干，就要敢于突破陈旧的思维定式，学会创新学习，不断激发自己的创新意识和培养自己的创造性思维，不断提高创新能力，为将来的创造性工作和创业打下良好的基础。"独学而无友，则孤陋而寡闻。"合作学习有助于学生之间在学业上相互启发、相互促进、取长补短、共同提高，还能在合作中培养良好的交往能力、合作精神和团队意识。

第二章　思政课的功能与地位

高校思想政治教育工作对培养政治坚定、乐于奉献、理想远大的高素质人才具有十分重要的意义。面对我国社会主义建设的新形势和新要求,明确高校思政课的地位和功能,深入剖析当前思政课教学现状,才能进一步推动高校思想政治教育工作的开展,培养出现代化建设所需要的优秀人才。

第一节　高校思政课的地位

在全面建成小康社会的大环境下,高校思想政治课的地位举足轻重,其作为教育的一个重要环节持续稳固地为全面建成小康社会这一重要战略任务输送可用人才,为我国屹立于世界强国之林提供人才支撑。

一、科教兴国、人才强国的战略需要

大学生是十分宝贵的人才资源,是民族的希望,是祖国的未来。因此,加强和改进高校思想政治教育,提高他们的思想政治素质,把他们培养成中国特色社会主义事业的建设者和接班人,对于全面实施科教兴国和人才强国战略,确保我国在激烈的国际竞争中始终立于不败之地,确保实现全面建设小康社会、加快推进社会主义现代化的宏伟目标,确保中国特色社会主义事业兴旺发达、后继有人,具有重大而深远的战略意义。

所谓科教兴国,就是在科学技术是第一生产力的理论基础

上,坚持教育为本,把科技和教育摆在经济、社会发展的重要位置,增强国家的科技实力及向现实生产力转化的能力,提高全民族的科技文化素质,把经济建设转移到依靠科技进步和提高劳动者素质的轨道上来,加速实现国家的繁荣昌盛。所谓人才强国,其核心是人才兴国,依靠人才兴邦,大力提升国家核心竞争力和综合国力。

科教兴国和人才强国战略的制定和实施,是从当代世界和中国深刻变化着的实际出发,根据党和国家事业发展的迫切要求而做出的重大决策。自从实行改革开放政策以来,"中国速度"成为世界经济发展的一大奇迹,中国经济的持续发展令世界瞩目。而随着经济的发展和改革的深入,经济社会发展对人才的需求也急剧增长,人才问题成为国家发展的重大问题。中国共产党科学分析和总结世界近代以来特别是当代经济、社会、科技发展趋势和经验,并充分估计未来科学技术特别是高技术发展对综合国力、社会经济结构、人民生活和现代化进程的巨大影响,在分析我国国情基础上意识到,要实现国民经济的持续、健康、快速发展,尤其是加快经济增长方式的转变,必须依靠科技进步和人才的培养。

科教兴国和人才强国战略的实施,是关系到民族未来和国家发展的基础性工程,对加快社会主义现代化建设,不断把中国特色社会主义事业推向前进,具有极其重要的意义。而无论是科教兴国的战略还是人才强国的战略,都强调人才的作用,都要求尊重知识、尊重人才。正因为如此,邓小平从改革开放的全局出发,反复强调人才问题的重要性,他讲:"改革经济体制,最重要的、我最关心的,是人才。改革科技体制,我最关心的,还是人才。"①他曾明确地提出人才是最宝贵的资源,是第一要素,从战略的高度提出人才在改革开放的各项事业中的极端重要性:"正确的政治路线要靠正确的组织路线来保证。中国的事情能不能办好,社会

---

① 邓小平文选(第 3 卷)[C]. 北京:人民出版社,1993,第 108 页.

主义和改革开放能不能坚持,经济能不能快一点发展起来,国家能不能长治久安,从一定意义上说,关键在人。"①人才不仅影响经济发展大局,也影响政治发展大局。而从创新角度看人才,将创新看作是一个民族进步的灵魂,是国家兴旺发达的不竭动力。因此,人才是科技进步、国家繁荣、经济社会发展的第一资源,人才问题关系到党和国家的兴旺发达和长治久安,对待人才问题不仅要有具体的培养使用政策,更要有政治远见。培养同现代化要求相适应的数以亿计高素质的劳动者和数以千万计的专门人才,发挥我国巨大人力资源的优势,关系21世纪我国社会主义事业的全局。胡锦涛从中国特色社会主义事业全局出发,同样指出,人才问题是关系党和国家事业发展的关键问题。

全面实施科教兴国和人才强国战略,都强调教育的基础地位,都要求将教育摆在首位。科技的进步靠人才,人才的培养则靠教育。无论是培养高素质的人才,还是提高整个民族和国家的创新能力,教育都发挥着不可替代的作用,教育也是中国作为发展中国家,追赶发达国家,实现经济社会的跨越式发展的基础性事业。因而,邓小平一直强调要将教育当作一个民族最根本的事业来抓,很早就指出:"不抓科学、教育,四个现代化就没有希望,就成为一句空话。"②百年大计,教育为本。教育是社会主义物质文明和精神文明建设极为重要的基础工程。它对提高全体人民的思想道德素质和科学文化素质,对培养一代又一代社会主义事业接班人,具有重大的战略意义。胡锦涛更是在十七大报告中强调:"教育是民族振兴的基石。"③

习近平在中国科学院第十七次院士大会、中国工程院第十二次院士大会上的讲话中提到"世界主要国家都在寻找科技创新的

① 邓小平文选(第3卷)[C].北京:人民出版社,1993,第380页.
② 邓小平文选(第3卷)[C].北京:人民出版社,1993,第68页.
③ 胡锦涛.高举中国特色社会主义伟大旗帜,为夺取全面建设小康社会新胜利而奋斗——在中国共产党十七次全国代表大会上的报告[M].北京:人民出版社,2007,第37页.

突破口,抢占未来经济科技发展的先机。我们不能在这场科技创新的大赛场上落伍,必须迎头赶上、奋起直追、力争超越",这充分体现习近平对人才发展的高度重视,并提出了科技创新,就像撬动地球的杠杆,总能创造令人意想不到的奇迹的观点。从实施科教兴国战略到人才强国战略、创新驱动发展战略,中国不断迈向全球竞争与世界发展舞台的中央。而今迈步从头越,下一个20年,我们定能实现科教事业的新发展,见证科技创新的新成就,在中华民族实现伟大复兴的壮阔征程中树起兴国强国新的历史丰碑。

而实施科教兴国和人才强国战略,无论是重视人才,还是强调教育,加强思想政治教育就成为题中应有之义。科技的发展需要高素质的人才,其中最为根本的一条是思想政治素质;我们培养的人才是德智体美全面发展的人才,思想道德素质是重要的方面。同样,教育事业,既包括知识和技能的培养,也包括思想政治素养的提高;教育作为一项系统工程,既包括科学文化知识教育,也包括思想政治教育。从这个意义上来说,加强思想政治教育就是实施科教兴国和人才强国战略的重要内容。

大学生作为国家宝贵的人才资源,是建设创新型国家的强大依托,是实施科教兴国的生力军,是祖国的未来和民族的希望,是中国特色社会主义事业的建设者和接班人,同样也是各种外来力量和意识形态竞相争取的对象。正因为如此,加强大学生的思想政治教育在整个科教兴国和人才强国战略中就显得尤为重要。

尤其是当今世界正处在大发展、大变革、大调整时期,以信息科学、信息技术为主要标志的世界范围内的技术革命正在形成新的高潮,科技进步日新月异,当今的国际经济、科技竞争,越来越围绕人才和知识的竞争展开。现在看得越来越清楚,当今和未来世界的竞争,从根本上说是人才的竞争,大学生是未来社会主义现代化建设的中坚力量,能否培养好、使用好、凝聚好他们,就成为影响国际竞争的重要因素。

二、社会主义制度的内在要求

思想政治教育作为一项意识形态实践,普遍存在于阶级社会的一切国家和一切历史发展阶段,无论在名称和称谓上有何区别,作为一项社会活动它都是客观存在的。区别在于其他的统治阶级出于愚弄民众、维护统治的需要,对此大都不敢承认或者不会公开声明,就像马克思所说那样:"每一个企图代替旧统治阶级的地位的新阶级,为了达到自己的目的就不得不把自己的利益说成是社会全体成员的共同利益,抽象地讲,就是赋予自己的思想以普遍性的形式,把它们描绘成唯一合理的、有普遍意义的思想。"①即使在他们上升为统治阶级以后仍然如此。而无产阶级则不然,他们作为未来社会的代表,在进一步的斗争中除了锁链什么也不会失去,他们只有在解放全人类的同时自身才能够得到解放,作为其先锋队的共产党同样如此,他们除了解放全人类没有任何自身特殊的利益,因而也并不害怕会失去什么,所以他们并不讳言自己的鲜明阶级性,并不讳言思想政治教育。相反,由于思想政治教育在推动无产阶级革命运动和社会主义建设过程中的重要作用而大力加强并明确声明。

列宁系统论述了"灌输论",并对社会主义意识形态的思想进行了颇为深入的说明。列宁在批判俄国社会民主党派内出现的经济派时指出:"他们迷恋工人运动的自发性,否认了无产阶级政党的领导,将会给无产阶级革命事业带来巨大伤害。因为,没有革命的理论,就不会有革命的运动。但是,自发的工人运动无法产生社会主义意识,社会主义意识是革命的社会主义知识分子思想发展的自然和必然的结果。因此,在革命中要把社会主义思想和政治自觉性灌输到无产阶级群众中去。"②

由于在无产阶级的革命事业中,广大人民群众所面临的,"或

---

① 马克思恩格斯选集(第1卷)[C].北京:人民出版社,1995,第100页.
② 列宁选集(第1卷)[C].北京:人民出版社,1995,第285页.

者是资产阶级的思想体系,或者是社会主义的思想体系。这里中间的东西是没有的(因为人类没有创造过任何'第三种'思想体系,而且在为阶级矛盾所分裂的社会中,任何时候也不可能有非阶级的或超阶级的思想体系)"①。在现代社会中,存在着资产阶级的意识形态与社会主义意识形态的尖锐对立,不可能存在着超阶级的或非阶级的意识形态,这两大意识形态也一直进行着争夺民众的斗争,"对社会主义思想体系的任何轻视和任何脱离,都意味着资产阶级思想体系的加强。"②无产阶级革命要取得胜利,应当积极地同一切巩固非社会主义思想体系的企图做斗争,积极地教育群众接受社会主义的意识形态,任何退让或者对社会主义意识的忽视都意味着资产阶级思想体系对工人运动的侵蚀。

　　中国的革命、建设和改革开放事业中同样如此,必须时刻注意社会主义意识形态的教育。事实上,中国共产党也正是按照这种要求来实践的,在马克思主义中国化的历史进程中,中国共产党一直注意加强思想政治教育,从未放松。毛泽东在总结我们党领导的中国革命斗争实践历史经验的基础上深刻指出,"掌握思想教育,是团结全党进行伟大政治斗争的中心环节。如果这个任务不解决,党的一切政治任务是不能完成的"③。邓小平反复强调要把思想政治工作放在重要地位上,并总结历史发展经验提出,既不能把主要精力放在搞大规模的政治运动上,又要坚持两手抓两手都要硬,排除对社会主义建设的一切干扰。要把思想政治教育摆在各级各类学校教育中的重要地位,任何时候都不能放松和削弱。胡锦涛将思想政治教育提高到了影响国家发展和民族未来的战略高度。习近平在结合当前社会发展实况的基础上,总结经验提出要认真践行社会主义核心价值观,加强当代高校思想政治教育,不断为社会主义发展提供持续动力。

　　以毛泽东为核心的第一代中央领导集体,在领导中国革命和

---

①　列宁选集(第 1 卷)[C]. 北京:人民出版社,1995,第 326—327 页.

②　列宁选集(第 1 卷)[C]. 北京:人民出版社,1995,第 327 页.

③　毛泽东选集(第 3 卷)[C]. 北京:人民出版社,1991,第 1094 页.

社会主义建设的过程中,坚持将马克思主义的普遍真理同中国的具体国情相结合,开创了"农村包围城市"的中国革命道路,形成了毛泽东思想。在新中国成立前召开的七大中,毛泽东思想被确立为党的指导思想并被写入党章,在新中国成立之后,毛泽东思想理所当然地成为高校思想政治教育的重要内容。新中国成立初期,高校中普遍废除以前的反动课程,而代之以马克思主义为主要内容的"政治课",进行关于"历史唯物论""社会发展史""政治经济学"和"新民主主义论"的教育。换言之,大学生的政治理论课一方面是要讲授马克思主义的普遍原理,一方面则是要传授毛泽东思想的内容。尽管课程名称和具体内容后来有所调整,但这两大方面的内容很长时间内一直未变。新中国成立初期在"三反""五反""抗美援朝"等政治运动中,围绕这些政治运动开展对大学生的思想政治教育,一方面是要求大学生认清形势;另一方面则是要求大学生在实践中接受教育。比如,当过渡时期的总路线总任务提出来以后,各高校在继续加强理论学习的同时,中央文化教育委员会和教育部很快就指示:"特别是要加强高等学校中的政治思想教育,向学生进行国家过渡时期总路线的教育和马克思主义列宁主义基础知识的教育。"①包括后来的"知识青年上山下乡,接受贫下中农再教育",固然有在当时解决就业问题方面的考虑,从大的方面来说实际上是知识青年接受中央关于中国社会未来发展思想的教育实践。

中国共产党在领导改革开放的过程中又逐渐形成了邓小平理论,十五大上被写入党章同样成为指导思想。很快,中国共产党的理论进一步体现在大学生的思想政治教育上。1980年教育部、共青团中央发布《关于加强高等学校思想政治工作的意见》,1986年颁布中共中央、国务院批转的《国家教委关于加强高等学校思想政治工作的决定》的通知,1987年中共中央又做出《关于改进和加强高等学校思想政治工作的决定》等,都是随着邓小平理

---

① 何东昌. 中华人民共和国重要教育文献(1949—1997)[C]. 海口:海南出版社,1998,第294页.

论的形成与丰富,对大学生的思想政治教育提出新的要求,充实新的内容。

1994 年,中共中央颁布《关于进一步加强和改进学校德育工作的若干意见》,1999 年颁布《关于加强和改进思想政治工作的若干意见》等重要文件,对高等学校的思想政治教育提出新的要求,主要是为了保证大学生及时学习到马克思主义中国化的新成果,保证"三个代表"重要思想进教材、进课堂、进大学生头脑。

而 2004 年中共中央、国务院发出《关于进一步加强和改进高校思想政治教育的意见》以及后来进行的一系列工作,其中一个十分重要的背景是科学发展观思想的提出,进一步回答了什么是发展、为什么发展和怎样发展的重大问题,赋予马克思主义关于发展的理论以新的时代内涵和实践要求,马克思主义中国化出现最新成果,中国特色社会主义理论体系内容获得了丰富和发展。加强和改进高校思想政治教育,开展中国特色社会主义理论体系的教育,使大学生正确认识社会发展规律,认识国家的前途命运,认识自己的社会责任,坚定走中国特色社会主义道路的信心。

2015 年 1 月 19 日,中共中央办公厅、国务院办公厅印发了《关于进一步加强和改进新形势下高校宣传思想工作的意见》。这是新时期、新常态下,党和国家为全面建成小康社会而指明方向、筑牢防线,统一思想、凝聚共识,为实现两个百年目标,实现中华民族伟大复兴中国梦,提供思想保证、精神动力和道德支撑的重大战略举措,也充分表现出了习近平对当代高校思想政治教育的重视。

三、大学生自身健康成长的内在需要

思想政治教育工作存在的理由从根本上讲来自人和社会发展的需要,是个人健康成长和社会顺利发展必不可少的工具。

人作为类的本质属性一般由生物性、社会性、精神性三个基本维度来界定。人首先是生物性的存在,在这方面,和其他生物

有更多的相似性,这种生物性的存在需要物质能量的供应,这主要涉及人与自然的关系,为此人类要从事物质生产活动,需要不断发展科学技术,提高自身的工作效率,尽量从自然中获取更多的物质能量来支撑人类自身的生存和发展;同时生物性的人也具有一般动物的不少特性,往往追求自身生理本能需要的最大化。另外,人和一般动物根本不同之处还在于人类的精神性存在,具有高智商的人不会满足于填饱肚子,还一直寻求生活的意义。每个人都需要有理想和信仰,追求自尊和自由,渴望独立。然而,理想和信仰的建立和实现,自尊、独立与自由的获得,取决于众多的条件。本身也是一个理论创新的过程,符合人类社会发展规律的理论体系是通过艰辛的理论创新过程形成的,同时也必须通过社会化的过程,内化为社会每个成员的自觉追求,这自然离不开思想政治教育工作。

处于青春期的大学生,自尊心强,好胜心强,也具有摆脱权威、追求独立的一面,这些都是青年人的优点,是青年大学生追求上进、敢于创新的基础。但青年大学生也有许多自身的局限,长期在封闭的校园中成长,对社会了解较少,没有生活挫折的历练,对人生应该具备的相关知识了解不多,体悟不深,需要更为系统深入的世界观、人生观教育,将人之所以为人的本质要求化为自己内在的要求。所以,针对青年大学生的实际状况,加强高校思想政治教育工作,是大学生顺利成才的重要一环,不可缺少。未来的社会需要越来越多的全面发展的高素质的人才,公平竞争意识、团队合作精神、民主法治精神、百折不挠的意志等,成为21世纪青年大学生走向成功的必备素质。高校一定要改变过分重视专业学习,而忽视理想教育、政治教育、道德教育、心理教育的不良现象,为学生成为合格的社会主义建设者奠定坚实的基础。

(一)塑造个体人格

人格乃是具有不同素质基础的人,在不尽相同的社会环境中所形成的意识倾向性和比较稳定的个性心理特征的总和。简言之就是做人的规格。人的规格有高有低。所谓塑造理想人格，就是有意识地创造人们共同景仰的人格范型，引导人们攀登崇高的道德目标。人格包括人的认知能力特征、行为动机特征、情绪反应特征、人际关系协调程度、态度信仰体系、道德价值特征等。人格不仅控制着人的行为方式，而且决定了人的发展方向。思想政治教育者通过一系列传导理论和实践活动方式，促使受教育者形成社会所要求的品格、思想境界、道德情操等。这样，思想政治教育者把外在的社会要求转化为受教育者的内在知识，再由这些受教育者的内在意识、动机转化为其外在的行为和行为习惯。为了促成这两个转化，思想政治教育者必须不断研究社会要求与人格完善需要之间的关系，研究内化的具体条件，为进一步促进个体人格的完善提供良好的基础条件。中共中央、国务院《关于进一步加强和改进高校思想政治教育的意见》，明确把培养什么人、如何培养人作为高校工作的根本任务，这就要求我们站在全局和战略的高度，充分认识高校在加强党的执政能力建设中所肩负的重要使命，努力探讨新形势下教育发展的新规律，牢牢掌握社会主义人才培养工作的主导权，在市场经济条件下，确保高校是切实为人民服务的学校，是贯彻科学发展观的楷模，是构建和谐社会的重镇，为全面建成小康社会做出自己最大的贡献。

（二）提高整体素质

提高大学生素质，培养合格人才，是办人民满意的大学的重要目标。提高大学生素质的核心是政治思想素质，保证合格接班人的关键。思想政治教育工作是社会主义政治文明建设的重要保证。这种保证作用主要体现在：一是思想政治教育通过长期的、经常的爱国主义、集体主义、社会主义教育，可以提升人们的思想政治素质，为巩固社会政治制度、维护社会政治稳定服务。二是思想政治教育通过提高人民群众的政治觉悟，培育人民群众的民主意识，增强人民群众的法制观念，增强人民群众的政治责任感，引导人民群众提升政治认知，参与政治生活，建设社会主义民主政治。三是思想政治教育通过建立制度防范机制,创新民主管理机制,健全完善民主集中制,提高民主管理水平,完善监督制约机制,推进社会主义民主政治的发展。

（三）解决深层次思想问题

社会的发展,时代的变迁,教育的变革,使得一些与我国国情、高校育人目标不相容的东西进入校园,给校园带来了不良的影响。一些大学生淡忘了国家意识,消解了民族身份,逐渐失去了对传统的认同感。一些大学生对重要的政治理论问题一知半解,对马克思主义理论认识模糊甚至不知。一些大学生世界观、人生观、价值观存在误区与偏差,对当前社会问题缺乏全面系统深入客观的理解和认识,对中国特色社会主义道路、共产主义信念缺乏信心,对党和政府缺乏信任,思想颓废,态度消极,对前程感到迷茫。因此,加强高校思想政治教育已成为解决大学生深层次思想问题的必然要求。

第二节　高校思政课的功能

担负着"育人"重任的高校思政课其功能不容小觑,在大学生的学习和生活中产生着巨大的作用。

一、导向功能

导向功能是思想政治课的根本功能,这种功能是任何其他教育都无法代替的,可以体现出思想政治教育的目的性和超越性。思想政治教育的导向功能主要表现在三个层面,即理想信念、奋斗目标和行为方式,这同时也代表了三个不同层次的教育,即理想信念教育,主要内容是马克思主义理论体系;政治教育,主要内容是党的方针政策;道德和法纪教育,主要内容是社会主义道德和法纪。这三个不同层次的导向之间是一种既相互联系又相互依存的关系,三者共同构成了思想政治教育的导向功能。

当前的互联网时代具有开放性、渗透性和趋同性的特点,因此在大学生思想政治教育的过程中,必须充分运用这些特点,保证思想政治教育导向功能的充分发挥。传统的思想政治教育通常采用的是内塑型的教育模式,在教育过程中是将与教育目的相关的知识信息通过"灌输"的方式教授给学生,以语言或是文字的形式直接告诉学生应该做什么,不应该做什么,或是具体的做法。而现代的"互联网+"思想政治教育则不同,其是以潜移默化的方式来对大学生的思想观念进行规范和约束。对于网络信息来说,其向人们展示的通常是一种科学、公正、客观、时尚的形象,因此它为学生所传播的价值观逐渐渗透到学生的思想中,然后对学生的行为进行规范。

信息社会,互联网在一定程度上已经开始引导人们的生活。日常生活中,人们会对网络上的信息极为关注,然后根据对这些信息的关注程度来决定自身关注问题的次序。针对这种情况,很多媒体就开始有意识地对信息进行议程设置,以此来引导群众对社会和政治信息进行思考和关注。互联网本身具有开放性的特征,这种特征会导致受众产生趋异性,但是互联网又具有交互性和渗透性,并且在人为进行议程设置的情况下,这种趋异性在很大程度上被淡化,并逐渐转为趋同性。在"互联网+"思想政治教育过程中,要充分利用这种趋同性,确保其导向功能的正常发挥。

为此,思想政治教育者必须强化在网络空间争当主流文化主导者的意识,以平等对话、研讨、交流等互动形式,努力用事实和真理说话,引导舆论,批判错误,引导受教育者接受和形成正确的思想观点和价值观。

二、沟通功能

"互联网+"思想政治教育的沟通功能通过网络交流和互动

而实现,沟通的形式包括交互式视频、电子邮箱、电子查询、网络社区讨论、BBS、自学辅导等。"互联网＋"思想政治教育通过这些沟通方式,将思想政治教育的知识、观念等信息传播给教育对象并得到及时反馈。这既是一种教育信息的交流传递过程,也是一种情感的传输过程。通过这种教育主客体之间思想情感的交流融合,有助于达到二者对于思想政治教育文化的一致认同。

三、大众传播功能

互联网以其快速、便捷、受限少等优势,迅速成为高校思想政治教育的重要载体。当然,传统媒介(如报刊、广播、电视等)对自身的局限也可以尽量改进,但要想做到像互联网那样活泼互动,就显得有些力不从心了。特别是在进行高校思想政治教育时可能会由于其自身的理论性显得相对枯燥,使学生产生"被说教"的感觉而难以接受。广大的高校学生需要一个易于接受的传播途径,需要一个能更好、更便捷的接受信息的途径。互联网媒介通过丰富的图片、视频、声像等传递信息,对于受众来说,这样的传播媒介吸引力更大,趣味性更强。此外,在互联网中每个人都可以充分自由地表达自己的意见,有助于提升高校思想政治教育传播的广度和深度,对推动高校思想政治教育的传播有积极作用。

在高校思想政治教育的传播方面,互联网是一种新兴的工具和载体,它以其自身的传播速度快、互动性强和覆盖面广等特点,很好地实现了其大众传播功能。当前我们要在传统的思政课教育途径和方法上寻找新的突破,利用好互联网这一新型载体,让其成为开展高校思想政治教育又一强有力的工具,为倡导和践行高校思想政治教育而服务。

四、开发功能

开发功能指的是通过对大学生进行思想政治教育,在最大限度内调动起人的内在潜能和主观能动性的发挥。人具有主观能动性,可以去认识世界和改造世界,这是思想政治教育能够具有开发功能的根本原因。

但需要注意的是,人所具有的这种主观能动性具有一定的层次和深度,不能任由人们进行使用和发挥,需要通过一定的手段对其进行开发和挖掘。一般常用的手段主要有以下几点。

第一,要尊重个人的兴趣爱好,充分发挥人的感官优势,这是开发个人潜能的基本要求。信息内容丰富和功能独特是互联网的突出特点,将其作为教育阵地满足了大学生的要求,同时也是大学生乐于接受的。因此,高校在进行思想政治教育的过程中,就可以充分利用这个阵地,开发一些形象生动的教学软件,以此引起学生的学习兴趣,确保学生可以在一种积极的氛围下接受教育,挖掘自身的潜能。

第二,要利用多种形式和手段充分调动起人们的积极主动性,促进人们智力和能力的同时发展,这是开发人的潜能的重点。在大学生健康成长的过程中,互联网可以充当一种"助推器",通过自身所拥有的丰富、形象和直观的思想政治教育资源,来满足大学生对知识和信息的需求,在这种情况下,思想政治教育者可以采用参与式或是启发式教学,来推动大学生积极、主动地进行学习。

第三,开发人的潜能的最高层次就是培养人的创造精神。互联网的出现为思想政治教育提供了一个培养大学生创造精神的新空间。互联网具有交互性的特征,其拓宽了大学生的思维空间,促使大学生的思维方式更加灵活多变。大学生通过对互联网的利用,可以学到更多的知识,了解到更多的信息,拓宽自己的视野。通过实施"互联网＋"思想政治教育,可以让大学生知道有不同思维的存在,培养大学生的信息素质和鉴别能力,使学生可以亲身感受到不同文化和思想发生的碰撞,以此提高大学生判断问题、分析问题和解决问题的能力,促进大学生创新思维的开发。

五、保证功能

高校思想政治教育具有保证的功能,表现为其可以服从和服务于社会规律,具体来说,思想政治教育的保证功能主要体现在人的思想和行为层面,并通过人们在政治、思想和行为达到一致性来最终实现。该保证功能可以从三个方面体现出来:第一,可以通过促进大学生在政治、思想和行为方面达成统一,以此来保证其稳定作用的发挥;第二,对经济和利益关系进行合理调节,对人们的思想认识进行平衡,保证社会实现健康的发展;第三,促进不同的人群实现思想和情感的交流与沟通,协调好人们的工作和行为,达到相互理解的程度,加强彼此之间的联系与合作。由于互联网具有虚实两重性、平等交互性、快捷增殖性、广容兼容性等特征,其对人们的生活产生了重要的影响,增加了"互联网＋"思想政治教育的任务和负担,因此在具体实施的过程中,必须确保其保证功能的正常发挥。

六、调节功能

高校思想政治课的调节功能主要体现在学习调节、生活调节、心理调节上。大学生学习的动力之一是他们对于探索未知、寻求真理有着浓厚兴趣,而互联网既能极大地满足大学生对知识与信息的渴求,同时学习方式又可以是参与式、启发式的,这要比单纯的灌输更受大学生喜爱。象牙塔里的大学生生活比较简朴,涉世不深,社会经验较少,而网络社会比较丰富多彩,融入大学生日常生活的"互联网＋"思想政治教育,可以陶冶其情操,调节其精神生活。同时,通过互联网进行的心理咨询具有隐蔽性、保密性、便捷性等特征,能满足大学生倾诉、发泄等心理需求,对学生的情感、学习、生活和人际关系中的困惑,可以进行有效的疏导,因而对帮助学生树立正确的人生态度,培养健全人格,具有积极作用。

七、育人功能

与其他学科一样,思想政治课也承担着育人的功能,这同时也是思想政治课的基本功能,是其对思想品德形成发展规律的运用。思想政治课的育人功能主要表现在,通过教育活动提高大学生的思想政治素质,以此帮助大学生树立起正确的世界观、人生观和价值观,完善他们的人格。应当明确的是,思想政治课育人功能的发挥,其指导理论是马克思主义关于人的全面发展理论,也就是说,高校通过开展思想政治教育,不仅要增加大学生的知识积累,提高其思想政治素质,还要促使大学生实现全面发展,成为建设祖国的优秀人才。

新时期教育者通过互联网向学生传播思想政治教育信息,对大学生的发展产生系统的影响,同时大学生也可以通过互联网对这些信息进行反馈,这对思想政治教育信息的传播和制作具有重要的影响,有时甚至会产生决定性的作用。这是一种良性的互动,通过互联网这个中介,传播者与受众、教育者与受教育者之间就可以实现主客体间的沟通与交流,以便及时对教育中的不足之处进行完善。

不断提高大学生的鉴别能力,这也是思想政治课育人功能的一个具体体现。网络信息复杂多样,不利于大学生对有用信息进行识别,在这种情况下,就必须对大学生进行思想政治教育,以此来提高大学生对信息的辨别和选择能力。也就是说,高校所进行的"互联网＋"思想政治教育不仅要进行"防御",同时还要能够"进攻"。所谓的"防御"指的是,通过实施"互联网＋"思想政治教育,可以提高大学生对网络信息的辨别能力,能够明辨是非,积极抵御不良网络信息对大学生思想的侵袭。而"进攻"则指的是,大学生要对互联网进行充分的利用,宣传正面的思想理论,为人们展示中国特色社会主义建设的成就,批判那些西方的资本主义腐朽思想和落后观念。

八、社会功能

"社会功能就是社会群体对于社会运行以及其他群体的影响力和作用力,是社会各阶层的内在特性作用于社会的反应。"互联网一出现,就成为社会的重要组成部分,与人们的生活密切相关。互联网的出现,给人们带来了越来越多的惊喜:新闻传播、网络娱乐、网上聊天等,互联网逐渐覆盖到社会方方面面的建设,人们的生活也逐渐离不开互联网。互联网在人们的生活中扮演着越来越重要的作用,基于此,其在高校思想政治教育的传播中也起着至关重要的作用。而要将高校思想政治教育与互联网紧密结合,其社会功能不可小觑。被奉为一种经典性论断的传播的三个社会功能:守望、协调及教育功能,互联网全部具备,并且由于自身具有开放性、交互性和匿名性等特点,使其成为一把"双刃剑",在给高校思想政治教育带来机遇的同时也带来了挑战。

第三节 高校思政课教学现状

随着时代的发展、科技的进步以及高等教育改革的深入,以大学生为主体的高校思想政治教育工作发生了一系列变化,思政教育环境越来越开放,思政教育对象越来越个性,思政教育载体越来越多元,以互联网为代表的信息传播技术在给高校思想政治教育带来机遇的同时也带来了巨大的挑战。

一、高校思政课面临的机遇

(一)高校思政课教学的时间和空间得以扩展

当前互联网无时不在、无处不在,这一特点极大地改变了大学生获取信息和表达信息的方式,使得高校思政课教学的时间和空间得以扩展。一方面,传统的思想政治教育活动主要是在教室、会议室、寝室等有老师的地方才能进行,教育活动的实施空间固定有限,而且都必须集中在教育者和学生都能到场的固定时间,很难在最大程度上减少老师和学生的时间冲突,充分利用起零散、碎片化时间段。而互联网的发展为思想政治教育提供了更为便捷且灵活的渠道,只要通过移动终端接入互联网,老师和学生之间便可以随时随地进行交流沟通,不受时间和空间的限制。另一方面,传统课堂上的教育载体,包括电视、固定电脑、平面传媒等,由于受自身实体限制,即便是在课堂上也很难被学生充分共享,更不可能做到课后随时随地被学生享用。而通过移动互联网网络连接,每一部手机都成为一台小型个人电脑,学生通过手机终端接入互联网不仅能立刻获取海量信息,而且能通过手机内存卡将自己觉得最有价值的信息进行下载存储,移动互联网充分地实现了学生与老师之间的资源共享。

(二)高校思政课教学的内容得以丰富

作为全球最大的信息资源库,互联网的内容涉及政治、经济、军事、文化、科技、教育、体育、卫生、娱乐等社会生活的各个领域。网络的开放性使得教育者可以利用网络及时获取丰富的教育资源和了解国内外先进的教育科研成果,受教育者可以根据自己的兴趣和需要浏览和下载相关信息。互联网的资源共享性使得不同国家、不同地区、不同组织、不同领域的思想政治教育组织之间,可以共享相同的教育资源,从而扩大了思想政治教育的覆盖面,实现了思想政治教育资源利用的最大化。在这个意义上,"互联网＋"真正实现了"网络有多大,思政课教学的舞台就有多大"。

1. 互联网海量的信息为大学生思想政治教育工作者提供了一个空前博大的资源库

凡是有利于开展大学生思想政治教育工作的信息资料、政策文件和工作经验都可以找到和被吸收利用,这极大地丰富了大学生思想政治教育工作的内容。有关资料表明,网上数据库资料总量已达到 100 亿条以上,内容涉及政治、经济、文化、军事、科技、教育等方面,应有尽有。它开阔了人们的眼界,丰富了人们的生活,促进了人类文明成果的大交流和世界文化的大创新。这些新的人类文化成果,丰富了大学生思想政治教育的内容,拓展了思想政治教育的文化视野,形成了新的思想政治教育环境。随着网络建设的进一步发展,大学生思想政治教育工作信息来源渠道还会进一步被拓宽。

2. 互联网的信息共享特征,提高了思想政治教育资源的传播和利用率

我国的思想政治教育资源仍然很紧缺,比如师资,重点院校与普通院校存在很大的差距。以前,思想政治教育资料信息需要通过编写、印刷、预订和购买等,如《形势政策》等教程的内容更新很快,教材的准备就是一笔不小的开销。一般的高校想请专家、学者或名师来做一场讲座,吃、住、行、协调时间和地点,边际成本也很大。现在由于网络特有的信息可复制性、共享性、实时传输性等特征,有关专家的辅导、电视教育专题片都可以上网,共同进入课堂。坐在电脑前的交互式远程教育使一人授课,高校所有大学生同时接受名校名师的教育成为可能,从而缓解师资的紧缺,也免去老师们的舟车劳顿之苦。通过网上下载,克服了在资料查找、印刷、分发及存档等多方面的限制,大大降低了成本,提高了传播和利用效率,使普遍化的思想政治教育成为可能。

3. 互联网的自主性特征最大限度地调动了学生获取信息的主动性与参与性

大学生通过互联网,既可方便地获取大量信息,又可与世界自由地进行思想交流,这极大地激发了大学生的求知欲和想象力,最大限度地调动他们获取信息的主动性、自主性与参与性。网络让大学生可以从任何一个设有终端的地方随时获取所需的

知识,迅速了解国内外正在发生的政治、经济、社会生活等各方面的信息。一些专门的思想政治教育网络则集成了各门学科、各种媒体、各位专家的知识,让大学生能依据自身实际情况有选择地进行咨询,获取所需的知识内容。

(三)高校思政课教学有了新方法和新平台

互联网即时而强大的互动功能拓展了人与人之间交往的渠道,为高校思政课教学提供了更新的方法和交流平台。

1. 互联网为思政课教学提供了新方法

(1)互联网使大学生思想政治教育过程更加形象和生动有趣。网络技术的快速发展使知识不单以文字的形式来表示,而且可以用视频等多种形式来表示,这种多媒体特性具有很强的吸引力和感染力。将图像、动画和声音都放进网络中,形象而直观,具有很大的趣味性,这种形式很受青年大学生的欢迎。"多媒体"多重感官刺激功能,使大学生的多种感官同时感知的学习效果明显优于单一感官感知的学习效果。在网络上,丰富多彩的世界还可以被模拟仿真,出现虚拟世界。虚拟现实技术通过计算机创造真实的受教育环境,三维的图像和虚拟的声音及感触可使受教育者有身临其境之感,其效果是现有教育手段所无法比拟的。这对一贯以说教形式出现,学生感觉枯燥无味的思想政治课来说,无疑有着积极的意义。另外,过去由于受到教学条件限制,无法真正做到"因材施教",在今天有了电脑、多媒体、网络等信息技术的条件下,个性化教学、小组协作学习、交互式学习等新的学习模式,就有了实现的可能。

(2)互联网具有的即时性使思想政治课的时代感更强。思想政治课有着鲜明的时代特征,教材中关于国际关系、市场经济、社会制度等知识观点与社会热点问题有着紧密的联系,互联网的即时性将有助于教师和学生对于这些热点信息的获得。目前,许多网站具有很高的更新率,能在重大事件发生后的第一时间内将它报道出来或者直接进行现场直播。这种动态型的时事信息，让高校师生随时可以了解世界各地发生的大事，真正做到"足不出户尽知天下事"。

（3）互联网的无地域性打破了空间限制。网络拉近了人与人之间的距离，无论是近在咫尺，还是远在海角天涯，网络都能把人们拉在一起，这是网络时代思想政治工作者特有的优势。信息网络技术的应用，可以将世界各地的学校图书馆、科研机构等教育资源联结在一起，成功地实现资源的最大共享，从而使高校师生能够更加便利地学习先进的科技知识和文化艺术。

（4）互联网的发展拓宽了高校师生的交流方式，使思想政治工作得以深入进行。网络所创造出的"虚拟社会"环境，使得人们以屏幕为界面进行交往，让大学生能够平等、民主地通过网络与教师进行交流，可以减少面对面交流的顾虑，避免师生间直接争论的尴尬，缓解面对面冲突引发的矛盾，有助于师生之间的交流。教育者与受教育者进行平等的双向交流，这种教育模式使受教育者感受到尊重，提高了受教育者的主体地位，能促进发挥他们学习的积极性、主动性和创造性，有利于思想政治教育的进一步深入。

2. 互联网为教育者与受教育者提供了交流的新平台

在传统的思政课教学过程中，教育活动主要是通过课堂教学展开，学生对老师有敬畏感，存在畏惧心理，个别谈话和电子书信交流是教育者与受教育者的主要沟通方式。层级式的信息传递过程难免出现信息失真和信息衰减，与此同时，信息传播的范围和速度受到限制。这种单一的教学模式和沟通渠道使得思想政治教育大多为学生被动接受，时效性不高。而通过互联网这种新技术，一方面，学生和老师可以利用手机 QQ、手机、邮件等途径，实现一对一、一对多或者多对多的交流模式，大大提高了思想政治教育工作的覆盖面和效率，改变了传统的人际交往方式。另一方面，网络的虚拟性淡化了教育主体的绝对权威，老师和学生的身份都被一串串数字符号所代替,使得交流双方存在一个相对宽松和隐秘的空间,关系更加平等,心理压力小,自由、自主性强,双方在平等自由的空间更加坦率地沟通,实现了真正意义上的互动。互联网的出现,使得学生和老师之间的信息沟通无论是从数量上还是从平等交流的氛围上都有了极大的改善、提升,满足了信息时代对高校思想教育工作效率的要求。

当前,大学生使用互联网最为关注的群体除了现实生活中的朋友同学外,主要为网络上的朋友、业内人士、专业人士、名人、明星等。互联网为我们提供了一个超时空的虚拟网络平台,加速和方便了大学生与外界的信息交流。互联网具有开放性、平等性和互动性,它打破了时间、空间、国界、种族、贫富、社会地位等各方面的限制,大学生可以"走进"任何自己想接近的人和事,有助于丰富大学生的精神世界,开阔视野、树立世界眼光。随着移动终端功能的进一步增强,大学生之间的通信和内容体验将更具交互性。借助 QQ、博客、微博等工具,大学生不仅可以进行个体间联络,还可以进行群体间联络,有益于增进人与人之间的情感,突破人际交往的单项模式,扩大大学生人际交往的范围。

(四)高校思政课教学更具实效性

互联网的出现,不仅使教育者能在第一时间准确了解大学生的真实思想,即时掌握大学生的心理动态,同时,还有利于畅通沟通渠道,强化教育工作的针对性,使教育者能结合学生的实际情况开展思想政治教育工作,为教育者有效提高工作的实效性建立了一个新平台。

1. 即时掌握学生动态,快速处理各种情况

互联网络信息以分钟甚至以秒为周期进行更新,通过互联网,人们可以随时掌握世界上任何一个地方最新发生的经济、政治、文化等方面的大事,这种即时、准确、高效的信息传播方式有利于高校思想政治教育工作者即时掌握第一手信息资料,了解学

生当前状况,进行学生管理工作,帮助学生解答疑惑,避免了以往教育工作中信息传播渠道堵塞、学生意见难以及时反馈给老师,贻误开展教育教学工作的最好时间段的情况。

2. 畅通沟通渠道,强化思政课教学的针对性

受传统思想观念的影响,学生普遍对老师存在畏惧心理,不愿意也不敢把自己的实际想法告诉老师,使老师很难真实掌握学生的思想动态,延误了思想政治教育工作有效开展的最好时机。借助互联网,老师可以通过QQ、微信、微博等组建班级群,创造新的沟通渠道,改变以往的教育手段。老师一条普通的勉励短信、一句简短的QQ留言、一条不经意的微博评论,都可能比长时间的课外谈话、课堂教育要有效得多。互联网畅通了沟通渠道,有利于实现真正意义上的师生互动,充分提高大学生思想政治教育工作的实效性。

二、高校思政课面临的挑战

互联网在高校的广泛使用对高校思政课教学的方方面面都产生了冲击和挑战。

(一)高校思政课教学存在的问题

1. "95后"学生个性心理、思维方式和思想觉悟发生变化

目前高等院校在校生多为"95后",他们成长的社会环境和家庭环境与教师这一代人截然不同。随着经济全球化日益发展和Internet技术飞速前进,我们的学生不断受到各种价值观念、文化潮流和网络的强烈冲击,主要表现为以下三个方面的特点。

(1)他们拒绝被标签化。想用统一的标签定义"95后"群体是一件很困难的事情,某种单一的社会评价对于定义鲜活生动的"95后"显得无力。拒绝标签化是"95后"最大的共性。他们拒绝被代表,他们每个人鲜活的个性都是无法复制的。与其他几代人

相比，"95后"的个性是突出的、鲜活的；而从每个个体去看，"95后"的个性是多元的、差异化的。因此，找一个具有普世价值的标签来概括这个群体的难度系数极高。

（2）他们是指尖上的一代。"95后"是互联网一代，他们从出生就开始接触到互联网。他们之中有四分之三的人的网龄超过3年，平均每天花费18％的时间上网，而一般的中国城市居民平均只花费13％的时间在网上。对于他们来说，互联网已经远远不只是一个工具，更是一种生活方式。"95后"大学生群体将会是互联网发展的关键人群。

（3）自我意识的觉醒。"95后"大学生的自我意识开始觉醒，由此带来的一个直接效应就是人的思想不再拘泥于传统的责任意识和国家前途，而是更多地从自我出发，以个人价值权衡。同时，"95后"大学生是富有创新精神的一批人，他们对新鲜事物充满好奇心，他们也有能力去创新。"95后"大学生对新事物、新思想的接受程度及开阔的视野，也使他们有能力提出正确的见解。

"95后"学生的个性心理、思维方式和思想觉悟发生了较大变化，表现出一些问题：某些学生缺乏政治辨别能力、判断能力，不关心国家大事、社会生活和公益事业；崇尚个性与众不同，过于关注自我，功利心明显，缺少责任感、正义感和同情心；网络思维日占主流，移动终端不离手，网络生活成瘾，与家人、同学和老师缺乏交流，不善于团队协作。如果只重视职业技能教育，无法从根本上解决学生学习动力不强、价值观职业观不端正等问题。

2. 思想政治教育体制单一不灵活

目前，高校思想政治教育的队伍主体是学校的党政干部、共青团干部、思想政治理论课的教师和班主任。大部分高等院校对于学生的思想政治教育有两条线，一是思想政治课堂，一是党团学管工作。国家教育部非常注重大学生的思想政治课程，全国所有高等院校都使用由最优秀的思想政治教育教学专家编写的教材，但课堂教学效果参差不齐，特别是在某些高等职业院校更注重专业技能培养,可能会忽视思想政治课程教学。此外,在高等院校从事思想政治课程教学的教师如果不了解学生专业学习需求,也可能将思想政治教育走形式走过场,浮于表面,不能从学生出发,不能真正理解学生,从而也解决不了学生的问题,最终形成思想政治教育的"两张皮"。在具体的教学过程中,某些学校党团学管工作较为单一,活动流于形式化,相关活动设计没有结合专业教育和"95 后"学生特点,不能真正吸引学生关注,有的学生是为了得到分数而参加,不能从根本上对学生产生积极影响。

3. 从事思想政治教育的工作者不稳定

目前,高校思政课教学存在着一个误区:学生的思想政治教学归思想政治课堂,思想政治工作归班主任和辅导员。这显然是不正确的。首先,现实的调查数据以及相关文献表明了目前我国高校学生管理人员的学历层次依然较低,本科层次的占大多数。一些学校对学生管理人员不重视,因此很多学生工作者把学生管理工作当作一个短暂的锻炼提高之处,而不是一个教育学生的终身事业。一旦有机会,就会考研究生或者转行到其他岗位。其次,学生与班主任比例失调,很多学校学生管理人员配备不足,一个班主任要管理几百个学生,一个人的精力有限,无暇顾及每一个学生,只能勉强完成既定任务,无法把思想政治教育工作做得扎实、具体。最后,一些学校的基层学管工作者在工资福利待遇等方面相比其他教师有差距,班主任个人的生活质量没有保障,其精神世界也会出现问题,可能会把对环境的抱怨转嫁到学生工作上,其个人的"三观"扭曲不但不能帮助教育学生,可能还会严重影响学生。

(二)互联网对思想政治教育施教者的挑战

(1)互联网的开放性、便捷性,使许多大学生可以随时获取各种信息,不再轻易接受高校传统思想政治教育施教者的一味灌输,如果教师教授的内容没有充分的说服力或缺乏对新鲜事物的敏锐性,学生就会对教师所教授的知识产生怀疑,从而影响教师的权威。

(2)部分高校思想政治教育施教者出现了一定程度的"落伍"现象,他们基本不使用现代化教育手段,仍然发挥着"一支粉笔、一块黑板、一张嘴"的作用。在网络时代,秉承传统教育方式方法的高校思想政治教育工作者常常显得力不从心、束手无策,导致大学生质疑高校思想政治教育者的权威教化,这对高校思想政治教育工作者的素质和相关专业技能提出了更高的要求。

(3)传统的高校思想政治教育漠视"人"的主体性以及师生之间的互动,导致高校思想政治教育工作者授课内容与受教育者实际需求脱节。有些高校思想政治教育工作者上课主要引导大学生应付考试,没有给大学生讨论、提问的时间,课堂教学缺乏知识魅力、人格魅力,进而导致大学生在遭遇到挫折、心理冲突与困惑时,常常选择自我调适或求助网友,不愿与家长、教师进行沟通。

因此,在互联网时代下,高校思想政治教育施教者的身份权威和知识权威面临着极大的挑战。

(三)互联网对思想政治教育受教者的影响

互联网就像一把双刃剑,在给大学生的学习、生活带来便利的同时也带来了负面影响。

第一,削减大学生的专注力,影响学习质量。互联网的移动性、便捷性、人性化服务,使大学生可以随时随地进行日常事务的处理、网上学习或娱乐休闲等,这使他们对互联网有了强烈的依赖感。这种依赖性使他们很难专心致志地学习,一旦有机会便迫不及待地投身网络世界。这种便利和随意对纪律、规则,甚至道德都产生了破坏,而且使大学生自控性差的弱点进一步放大,影响学习的专注度及质量。

第二,"互联网+"使"任性"成为大学生的新常态。网络社会的开放性,打破了民族、国家和地域之间的限制,实现了不同民族、国家及地域的人们在思想观念和意识形态之间的交融和共享,同时也为西方发达国家意识形态和价值观念的渗透提供了机会,给人生观、世界观、价值观尚未完全成熟的青年大学生造成了思想上的混乱、政治观念的模糊和民族意识的淡化,导致了其思想上的"任性"。网络的匿名性降低了人们的社会责任感,容易引发人们的道德缺失和行为失范;网络的虚拟性会让长时间沉溺于网络世界的大学生游离于现实与虚拟之间,形成双重身份、双重人格,造成角色的混乱与人格的分裂。长此以往,大学生会产生逃避现实社会、人际关系冷漠、人际交往障碍等一系列问题,引发心理上的"任性"。

第三,改变大学生世界观、扭曲大学生的人生观和价值观。移动互联网作为信息时代的一种新媒体,它具有信息传递、交互更快,更便捷,更不受限制的特点。这让大学生们看到了世界无时无刻不在变化,也体会到了变化是绝对的,不变是相对的,只有变的本身是不变的。对于这个变迁不定的世界,似乎他们只有抓住手机,不停地点击、查看、刷新,并做出最快的反应,才能始终紧贴在变化之上和变化的世界同步。但这让他们因此付出了过多的时间和精力,更可怕的是他们会对所有的变化都见怪不怪,对新生的事物模棱两可地选择了谅解、接受。这样,在缺乏科学的评判标准和理论指导的情况下,他们如果认同了错误的思想行为,就可能产生错误的世界观。互联网的开放性使大学生们能更容易和方便地了解不同国家的文化传统、思想观念、宗教信仰、生活方式。这难免会影响大学生们原本就不成熟的价值观和人生观,尤其是西方国家在文化殖民中刻意地、别有用心地制造的信息污染将进一步冲击大学生的价值观和人生观;加之移动互联网的商业化过程中充斥着暴力、色情、迷信的各种网络虚拟游戏,煽动炒作、只重标题、心理暗示等的不良信息会因为价值链的存在而不停地出现和更新下去,又怎能不影响到大学生的价值观和人生观?

(四)移动互联网环境对思想政治教育内容的影响

高校利用互联网开展思想政治教育难以满足大学生的需求,

许多大学生认为目前高校利用网络开展思想政治教育效果不佳。当前,大学生娱乐、消遣的主要方式是上网,他们乐于上网,喜欢借助互联网发表自己的观点,但许多大学生很少上或根本不上高校开办的思想政治教育网站,还有相当一部分大学生甚至都不知道高校思想政治教育网站有哪些。高校利用互联网开展思想政治教育的力度不够,许多高校开办的思想政治教育网站的影响力不大,陷入"死站""空站"的困境。许多高校没有主动占领互联网阵地,其思想政治教育网站服务性不强,板着面孔一味说教,缺少趣味性和亲和力,缺乏人文关怀,难以吸引大学生,致使高校思想政治教育网站点击率、访问率不高。许多高校思想政治教育网站介绍的思想政治理论课教材深奥难懂,缺乏生动性和趣味性,思想政治教育的知识材料内容陈旧,正面的宣传教育缺乏吸引力和影响力,难免会使大学生反感,甚至产生抵触情绪。此外,高校网络思想政治教育的安全性比较脆弱,监管效果有待完善,并且缺乏足够的制度规范,没有形成健全、有效的高校网络思想政治教育的规范体系。互联网上自由意识泛滥、伦理意识缺失和道德责任感的削弱,淡化了大学生的法律意识与道德观念,削弱了大学生社会责任感,传统伦理、人文精神价值面临着严峻考验。

随着移动互联网的使用,教师能够随时随地通过网络查看和收集与思想政治教育有关的声音、影像和视频等多媒体资源,使思想政治教育从平面化走向立体化,从静态化变为动态化,从而增强互动性、趣味性,提高大学生思想政治教育的吸引力和感染力;大学生也能够通过移动网络搜索自己所需,不仅能够不受时间和地点的限制,查询各种相关的学习问题,还可以在线浏览、快速下载思想政治领域的专家讲座和在线课堂讲座等。

1. 道德和法制教育的重要性突出

移动互联网的开放性使人们不仅是信息的接收者,更是信息的生产者和传播者,而且这种信息的接收和发送不受时空限制,信息传播的双向性和多向性更加明显。高校大学生正处在世界观、人生观和价值观形成的关键时期,在受到不同思想的冲击时极易暴露出年轻人的冲动心态,移动互联网的隐匿性和便捷性等特点使学生更容易出现网络冲动。网络已成为大学生表达和宣泄的主要途径之一,违反道德甚至触犯法律的言行时有发生。强化大学生网络道德和法制教育面临更严峻的挑战。

2."互联网十"使"创新"成为大学生思想政治教育的新常态

在网络时代,面对"无奇不有、无所不包"的"海量"网络信息资源,大学生的主体性和自由选择权得到了很大的提高,与此同时,也对大学生的辨别能力、筛选能力提出了新的要求,如何让思想政治教育走进学生、走进网络,引导和教会学生"如何利用网络""如何甄别网络信息"成为大学生思想政治教育迫切需要增加的内容。网络为高校思想政治教育提供了现代化的教学手段,同时也容易造成思想政治工作者的依赖性,如何让现代化教学手段与思想政治教学内容有机结合,实现网上教育与网下教育联动、课堂教育与课外教育互补、教师的主导作用与学生的主体作用互动,是创新大学生思想政治教育方法必须解决的课题。网络拓展了学生思想政治教育的时空,但是也为大学生思想政治教育带来了信息泛滥、信息污染、信息骚扰、信息的渗透与反渗透等一系列问题,如何因势利导、趋利避害,净化网络教育环境,对创新大学生思想政治教育的环境提出了新的要求。

第三章 "互联网+"视域下思政课教育教学原则与理念

思政课教育教学原则是思想政治教育客观规律的反映,思政课教育教学理念则是思想政治教育教学原则、任务、目标等的总纲领。要保证思政课教育教学具有活力和生命力,就需要根据经济社会的发展和大学生思想特点的变化不断更新思政课教育教学的原则和理念。

第一节 思政课教育教学的主要原则

思政课教育教学原则来源于思想政治教育的实践,贯穿于思想政治教育全过程,原则不是条条框框的规定,不是教条和命令,而是具有指导意义的要求。"互联网+"视域下的思政课教育教学只有在实践中坚持思政课教育教学原则,才能不断提高教育的针对性和实效性。

一、主体性原则

主体性原则指的是,在"互联网+"思政课教育教学工作中,教育者和受教育者在网络时代所形成的新型主客体间的关系要切实体现出来。随着互联网技术的迅速发展与普及,青少年的各种意识形态得到快速发展,包括自我意识、民主意识和成长意识等,他们展现出了前所未有的崭新的精神面貌,更加善于对人际关系进行处理,注重双方的沟通与交流,善于运用新的态度和方式来处理主体间的人际关系。

互联网时代思政课教育教学中的主客体关系,是由教育者和受教育者共同组成的复杂的带有交互性的关系。即是说,如果此教育情境是由教育者主动创建的,则教育者便是主动施教的主体,受教育者便是被动接受信息的客体;如果此教育情境是由受教育者主动创建的,那么受教育者不仅是主动学习的主体,还是自我教育的主体,教育者只起辅助、参与、服务的客体作用。由此可见,在思政课教育教学中,教育者和受教育者之间始终保持这样一种互动关系,与传统教育方式中的抽象和静止的关系状态不同,"互联网+"思政课教育教学更多的是体现出了一种具体的、运动的、主客体相互交替的教学过程。大学生主体意识形态的快速发展和成熟,是这种新型的主客体教育关系出现的主要原因。因此,在"互联网+"思政课教育教学工作中,必须始终坚持教学理念和教学原则的主体性,明确大学生主体性发展的特点,鼓励大学生主体意识行动的发挥,满足大学生的需求,促进大学生的全面发展。

在"互联网+"视域下,思政课教育教学工作开展过程中贯彻主体性原则时需要做到以下两点。

（一）不断加强调查研究

只有通过详细的调查研究才能对大学生和当前的思政课教育教学状况有充分和准确的了解,才能掌握大学生的各种需要以及他们的性格特征,从而有的放矢,根据具体情况改进和实施思政课教育教学。这一工作的重点在于抓住"互联网+"视域下思政课教育教学过程中大学生思想和行为方面的主要矛盾,尽可能地满足其成长成才的知识和情感需求,对他们形成有效指导。

例如,对于刚进入大学的大学生来说,他们对网络技术的需求是帮助提高自身的学习,提高综合素质,因此在对他们进行思想政治教育时,重点是要为大学生提供一个良好的校园网络文化氛围,帮助他们掌握网络学习的正确方法,培养良好的网络素养,加强自身对网络信息的选择,防止大学生沉溺于网络世界无法自拔,自觉抵御不良信息对大学生的伤害。而对于大三、大四的大学生来说,他们已经适应了校园网络文化环境,在进行网络活动的过程中已经能够对自身的行为进行控制,并且增强了参与网络公共事务的自觉性。因此,对大三、大四大学生进行思政课教育教学,必须注重他们的主体性,充分发挥他们的主体意识,对他们的网络事务的观念和行为进行规范,保证大学生的健康发展。在"互联网十"思政课教育教学中,要注意使用恰当的教学方法,充分发挥互联网的教育阵地作用,疏通互联网沟通机制,密切教育者与被教育者在网络和现实中的沟通与交流,建立网络和现实社会中的反馈机制,让大学生养成良好的民主实务参与观念,不断完善思想政治教育机制。

(二)挖掘大学生的主体能动性

将互联网技术与思政课教育教学相结合时,除了要发挥教育工作者的主体作用,也要尽可能地使大学生发挥其自我教育的主体作用,全面推动"互联网十"视域下思政课教育教学工作的实效性。

二、疏导性原则

在"互联网十"思政课教育教学工作中,需要遵守的一条重要原则是——疏导性原则,这一原则体现了思政课教育教学"合目的性"和"合规律性"的统一。

在大学生思政课教育教学中,一个突出的特点就是带有明显的目的性,这种目的性是人主观意识的客观反映,既能体现出当前阶段社会发展的要求,又能体现出国家和人民的需求。"互联网十"视域下的思政课教育教学工作还体现出目标指向性和价值取向性,要使思想政治教育在多元的网络文化环境中始终占据主导地位,代表正确价值观的形象,通过正确的网络手段或是渠道对社会舆论进行引导,维护人民的利益,同时还要批判网络上那些庸俗、偏激的思想和观点。与传统的教育环境相比,互联网是一个新开辟出的教育环境,因此将其作为思政课教育教学的新阵地,必定还要去面对和解决很多问题和难点。例如,如何引导和把握网络文化就是思政课教育教学当前面临的一个重要问题。互联网技术的发展和网民人数的急剧增加共同推动了网络文化的产生,人们可以相对自由地以匿名状态发表自己的观点,具有虚拟性、参与性等特征,这种状态的发展催生了一套独属于网络空间的话语体系。在这一网络话语体系下,怎样构建思政课教育教学的话语体系,怎样让大学生尽快适应网络环境中的表达方式,怎样实现教育者和受教育者之间的有效沟通,都是"互联网+"思政课教育教学工作所要面对和解决的问题。又如,互联网技术的发展在使得信息传播呈现开放性、去中心化等特点的同时,也使得人的认知和思维能力突破了边界,在虚拟时空得到了新发展。但网络利弊共存,如何使人们清楚地认识网络技术对其思想行为的影响,如何趋利避害、以我为主、为我所用,如何有效辨别各类信息而不使得自身的思想行为遭到蚕食。再如,网络舆情的把握和舆论危机的应对问题。怎样才能够对网络舆论的发展规律有所了解并采取适当措施对网络舆论加以控制,怎样才能有效应对网络舆论危机。以上都是"互联网+"思政课教育教学过程中必须考虑和解决的问题,如果不未雨绸缪或是及时解决各项问题,那么互联网与思政课教育教学的融合便不能达到最优效果。因此,"互联网+"视域下的思政课教育教学工作既要对思政教育本身的强烈目的性加以肯定,又要对网络传播过程中的各种问题加以考虑和解决,把握其中的规律。只有将合目的性和合规律性统一起来,将主导和疏引相结合,才能踏踏实实、一步一个脚印地实现"互联网+"思政课教育教学的实效。

三、前瞻性原则

当前世界瞬息万变,在"互联网+"思政课教育教学中除了要充分了解当前网络和思政课教育教学的发展特点,还要以发展性的眼光对网络和思政课教育教学的发展进行预判。前瞻性原则便与这一要求不谋而合,"互联网十"思政课教育教学的前瞻性要求教育者根据现实状况和发展的可能性对未来的发展做出大胆、合理的判断,放飞思想,立足于现实又要超越现实。在当前社会条件下,具有前瞻性的思想显得尤为重要。互联网的发展为我们构造了一个开放性的空间,它不是为了满足某一种需求而设计的,而是一种总的基础结构,可以包容任何新的需求。正是这种开放性和无限性使得网络技术充满了诱惑,使得无数人投身互联网技术的探索之中并乐此不疲,从而不断创造出新的网络技术。在运用网络技术时需要信息、信息媒介、客户群参与其中,从而组成一个微观信息系统,这个系统从思政课教育教学的角度来说实际上就是一个新的场域,为思政教育打开另一扇窗户。

前瞻性原则主要在"互联网十"思政课教育教学的工作策略和方法上得以体现。随着社会的发展,网络技术也呈现出不同的特征,运用互联网进行大学生思政课教育教学,就必须准确掌握这些特点,然后具有针对性地对大学生的网络意识和行为进行正确的引导,为他们的健康成长保驾护航。

在网络技术发展的初期,各大校园网络建设驶上了快车道,多媒体、万维网等得到了广泛应用,丰富多彩的网络信息迅速得到了大学生的青睐,网上冲浪、信息漫游也迅速出现在他们的日常生活中并消耗他们的大量时间;但是开放性的信息环境在给大学生送来最新资讯,不断开拓他们的视野的同时也在意识形态上对他们造成着巨大的冲击。西方资本主义观念和社会多元化思想的充斥无疑会给大学生的价值观带来一些影响。教育者必须以前瞻性的眼光对这些问题加以考虑,在利用互联网进行思政课教育教学时要注重对互联网文化软环境的构建,积极推广那些形式多样、内容丰富、具有教育意义的内容,以此来吸引大学生的关注,在潜移默化中提高大学生的思想道德素质水平。当前,很多学校都推出了专门提高大学生思政观念的专题网站,如北京大学建立了"红旗在线"等,体现出在思政课教育教学方面对互联网平台的不断探索。

当前我国将互联网技术融入思政课教育教学的探索还不够成熟,不论是外在环境还是内在发展,都给"互联网十"视域下的思政课教育教学带来了诸多挑战和机遇。道路是曲折的,前途是光明的,在探索和实践的道路上无论遇到什么样的困难,都要敢于创新,以坚韧不拔、激流勇进的精神面貌迎接新的挑战和解决新的问题。还要顺应网络发展的潮流,瞄准机会,把握机遇。在"互联网十"思政课教育教学中,只有坚持前瞻性原则,才能高瞻远瞩、高屋建瓴、未雨绸缪,以冷静的头脑、主导性的姿态面对一切变化。

四、实践性原则

大学生思政课教育教学所具有的一项本质特征是具有实践性,这在新开辟的思想政治教育平台——互联网上体现得尤为突出。我国在接入互联网之后,互联网技术获得了突飞猛进的发展,大量新的互联网设备出现,无论是对人们的工作还是生活都产生了深刻的影响,对推动我国社会的发展起到了巨大的作用。在我国发展的不同阶段,网络的发展也遇到了多种多样不同的问题,这就使得我国在网络时代前进的过程中,必须始终进行网络理论和实践方面工作,不断解决出现的新问题。在其中接受教育的通常都是青年大学生,他们乐于接受新鲜事物也更加容易接受新鲜事物,因此对网络的使用较为普遍,网络对大学生的影响也表现得最为深刻。当今社会,各种环境都处在动态变化之中,网络环境也不例外。要想切实提高思政课教育教学的效果就必须立足于当前网络发展的实践状况,以发展性的眼光进行思政课教育教学体系的反思和重建,更新思政课教育教学的内容和方式,以此创新思想政治教育,不断解决大学生成长中出现的新问题。

在"互联网十"思政课教育教学中坚持实践性原则,即要求教育者不断拓宽教学途径,将理论与实践相结合,不断加强学习,把握好互联网时代开展思政课教育教学工作的方式方法。以下从三个方面对实践性原则加以论述。

(1)思政课教育教学工作者要与时俱进,既具备基础的网络技术,又真正融入网络生活。互联网自 20 世纪 90 年代进入中国,迄今为止走过二十几个年头。而教师大多是"70 后""60 后",接触计算机和互联网的时间较短,对网络的技术的掌握可能还不深入,基本的操作可能还不娴熟,不能很好地将互联网与教学结合起来,这就要求教育者不断学习网络知识和进行实践,既能避免与大学生产生代沟,又不至于落后时代潮流,还能创新教育方法、增强教育效果。教育者要想真正融入网络生活,具备网络意识是关键。在平时的教育和生活中,要主动地与大学生进行网上交流、用心地感受网络文化、真诚地体会大学生们思想行为的变化、深刻地反思与总结,真正做到与大学生在同一时空下交流、学习。

(2)思政课教育教学工作者要对网络文化有详细了解。没有调研就没有发言权,思政课教育教学工作者只有通过各种渠道对这一新兴事物有深入的了解,才能认同这一文化,从而保证在网络环境中与大学生畅通地交流。在当前的互联网文化环境中,大学生的网络实践表现出了明显的亚文化色彩的网络语言,这对于传统大学生思政课教育教学过程中,实现教育者和被教育者之间的有效沟通是极为不利的。因此,在"互联网＋"思政课教育教学中,教育者必须掌握这种新的网络话语系统,这样才能保证在网络上实现与教育者间的顺利沟通,提高双方沟通的有效性;用大学生常用的语言表达方式对其进行教育,缩短心与心的距离,提高思政教育的实效性。

(3)思政课教育教学工作者要转变教育观念。新时期的教育与传统教育已大有不同。中国人自古以来倡导"尊师重教",大学生对老师也大多敬而远之,然而随着时代的发展,人们更加注重平等和自由,倡导一种"亦师亦友"的关系。网络的发展给师生搭建了沟通和建立感情的桥梁,教育者要转变传统的权威型的知识灌输者的角色和改变说教型的方式,以平等的姿态与大学生进行交流,从朋友的角度对大学生的思想和行为进行引导,从而增强教育效果。

五、方向性原则

方向性原则是指思政课教育教学要坚持正确的思想导向和政治导向。主要表现为,思政课教育教学过程中要旗帜鲜明地坚持社会主义和共产主义方向,坚持党的基本路线,高举社会主义大旗,坚定不移地沿着社会主义的方向发展。只有坚持方向性原则,才能不偏离航向、不背离初衷,始终保持无产阶级思政教育的本色;只有坚持方向性原则,才能起到纲领性作用,对人们的思想和行为加以统一,充分发挥思政教育的作用。

方向性原则是进行思政课教育教学的根本要求,要毫不动摇地在思政课教育教学过程中坚持社会主义方向,首先,必须将马克思主义及相关理论成果作为指导。其次,提高贯彻思政课教育教学方向性原则的自觉性。要充分认识到自身育人的目的,即培养社会主义四有新人,所以,要自觉地把方向性作为重要指引,不能偏离教育目标,使培养方向和目的贯彻在每一项工作中,从细节抓起,从规范抓起。同时,大学生也应该看到坚持正确的方向性有利于个人的发展,思想观念和政治素养有时对一个人的影响也是巨大的,坚定社会主义的政治方向是开展好工作的前提。最后,贯彻方向性原则必须讲究科学性。做工作,方法很重要,要对大学生进行思想观念的教育,不能用强迫的方法,此种方法不会长期有效。所以,在进行思政课教育教学时,要将各种方法整合在一起,灵活运用,不能只靠强力,这样才能取得事半功倍的效果。

六、求实原则

求实原则体现了一种踏实工作的科学态度。百年大计,教育为本,作为意识形态领域的思政教育更是根本中的根本,广大思政课教育教学工作者必须踏踏实实、认认真真、全力以赴地投入教学事业,这样才能够取得良好的教学效果。针对性是思政课教育教学的一个十分重要的特点,要做好这一点,就必须坚持实事求是的原则。在具体的思政课教育教学过程中,教育者必须认真观察、总结、反思,从社会现实和受教育者的实际情况着手,运用马克思主义的理论知识认识问题和解决问题,并不断进行思考,把握问题的规律,帮助自己更好地开展育人工作。简而言之,求实原则就是遵循"理论联系实际,从实际出发,实事求是"的思想路线。

(一)理论联系实际的含义

(1)牢固掌握思政课教育教学的相关理论知识。理论知识是对前人经验的科学总结,只有深入学习、牢固掌握相关理论,才能够正确指导实践,促进实践的顺利进行。因此,在进行思政课教育教学时,对本学科的理论知识进行全面掌握是最基本的要求。

(2)以实践为落脚点。任何科学的理论知识都不是空穴来风,其来源于实践,又作用于实践,受到实践的检验,只有这样,才能富有活力和生命力,随着时代的发展不断创新进步。

理论联系实际就要坚持实事求是,要始终不渝地坚持和发扬理论和实际相结合的原则和作风。

(二)贯彻求实原则的要求

(1)积极主动地对马克思主义的相关理论进行学习。马克思主义基本原理及其中国化理论成果是人们认识世界和几十年来革命和建设的智慧结晶。马克思主义是被实践检验了的科学的理论,在当代仍然焕发着生机和活力,有着鲜明而有效的指导作用,能够帮助人们形成正确的价值观,进而大大降低犯错误的几率。因此,必须自觉进行马克思主义理论的学习。

(2)以实际作为一切工作的出发点。任何工作都不能脱离生活和现状,思政课教育教学工作更是如此。在开展思政课教育教学时,教育者和受教育者都要坚持主观与客观、主体与客体的统一;以实际为基准,制定科学的工作计划,选择恰当的工作方法,逐步深入推进思政课教育教学工作。

(3)循序渐进地解决问题。为了在思政课教育教学工作中坚持求实原则,就必须按照及时发现问题、切实弄清问题、正确解决问题的三个步骤来办事。

①及时发现问题。用敏锐的眼光发掘实际存在的问题与矛盾,正视矛盾,不回避矛盾。发现问题是解决问题的第一步。

②确定弄清问题。发现问题后要仔细分析问题,只有这样才能更好地解决问题,要善于研究,抓住问题的实质,不为假象所蒙蔽。

③正确解决问题。在解决问题的过程中要坚持科学理论的指导,脚踏实地,将问题彻底解决。

七、身教与言教相结合,身教重于言教原则

(一)身教与言教相结合,身教重于言教原则的依据

身教与言教相结合,身教重于言教,这是党的思想政治教育工作的优良传统,也是思政课教育教学工作的重要原则之一。

1. 由思政课教育教学工作的特点决定

做思政课教育教学工作,一是靠说,二是靠做,也就是言教和身教。所谓言教,是指教育者通过说话、演讲、文章等宣传教育手段,做说服教育工作,对受教育者施加影响。所谓身教,就是教育者通过自身的行为、举止和实际行动,为受教育者做出表率,对受教育者发挥教育作用。对于受教育者来说,教育者的丰富学识、幽默语言、雄辩口才、机智言谈等言教固然重要,但是,如果这些言教与教育者的实际行为不相吻合,甚至相反,那么,教育者的言教就会成为夸夸其谈,被人讥笑。基于此,教育者要将言教和身

教紧密结合,缺一不可,时刻规范自己的言行,从方方面面为受教育者起到表率作用,在一言一行中对受教育者产生有益影响。教育者在从事教学工作时务必做到言传身教,身教重于言教。

2. 由党的思想政治教育工作的优良传统决定

身教与言教相结合,身教重于言教历来是党的思想政治教育工作的优良传统。无论是革命战争年代还是和平建设时期,无数共产党人冲锋在前、退却在后,吃苦在前、享受在后,对人民起到了巨大的教育作用。在学校,广大教师教书育人,为人师表,"照亮别人,燃烧自己"的政治态度、治学风格、思想品德、言行作风,对大学生起着潜移默化的教育影响作用。许多思想政治教育工作者都能够做到严格要求自己,教育别人做到的自己首先做到,教育别人不做的,自己首先不做,很好地起到了率先垂范,榜样示范作用。思想政治教育重视坚持身教与言教相结合,身教重于言教的原则,不仅是开展思政教育工作的重要条件,更是对几十年来思政教育工作优秀经验的继承和发扬。

3. 思政课教育教学工作自身的要求

思政课教育教学不是一件普通的差事,而是群众性、民主性、实践性很强的工作。"打铁先得自身硬""喊破嗓子不如做出样子",思想政治教育工作的威信,主要根源于思政课教育教学工作者的以身作则,率先垂范,这样才能有力地影响和教育大学生,并促使他们进行自我教育、自我提高,相互教育、共同提高。无数事实证明,身教是无声的却是很有效的思想政治教育工作。身教与言教相结合,身教重于言教,既是思想政治教育工作具有战斗力、吸引力和说服力的保证,又是思政课教育教学工作者应当具备的基本品质。

(二)贯彻身教与言教相结合,身教重于言教原则的要求

贯彻身教与言教相结合,身教重于言教的原则,思政课教育

教学工作者就要身体力行,做到学为人师、行为世范,时刻谨记自己的教师身份,端正自己的言行,以自己的模范行为为大学生做出榜样。因此,思政课教育教学工作者必须有扎实的知识功底、良好的品德修养、突出的工作能力。"自己有一桶水,才能给人一碗水",自己懂马列、信马列才能宣传马列,使人信服地接受马列理论;自己是一个有理想、有道德、有文化、有纪律的人,才能将大学生塑造成为社会主义"四有"新人。无声的行动远远比漂亮的口号更加有用。作为人类灵魂的工程师,思政课教育教学工作者更要以身作则,用自己的人格魅力征服大学生,使他们自觉主动地学习,提高思想觉悟,规范自己的言行,最终达到思政课教育教学的目的。

第二节　思政课教育教学的重要理念

教学理念是人们认识的集中体现,同时也是人们对教学活动的看法和持有的基本态度和观念,是人们从事教学活动的信念。教学理念有理论层面、操作层面和学科层面之分。明确表达的教学理念对教学活动有着极其重要的指导意义。因此,树立正确的、与时俱进的思政课教育教学理念对思政课教育教学的成效有着巨大的推动作用。在当前的互联网时代,思政课教育教学要与时俱进,树立现代化教学理念。

一、开放创新理念

大学阶段是大学生步入社会的重要准备阶段和过渡阶段,在现代社会历史条件背景下,大学不再像以往一样是一个比较封闭的个体,而是到处都体现着时代发展气息的向往自由的象牙塔,迈进大学校园,到处充满朝气、充满活力,大学成为面向社会、面向人生、面向世界、面向未来的新型园地。有容乃大,大学之"大",

正在于此,它容纳了各种学术文化思想,思想的火花在这里碰撞,智慧的光芒在这里散发,正因如此,大学给予人们一种开阔的视野、开放的思维和充分、自由、全面、和谐发展的空间。因而,思政课教育教学也应该强调开放性、发散性、立体性、自由性和创造性,注重以开放的视野、发散的视角、立体的维度、自由的模式和创造性的气魄来培养人、造就人,树立开放创新的理念,坚持与人的开放式的思想活动同步、坚持同社会的开放性发展合拍,从而使大学生思政课教育教学更好地贴近实际、贴近生活,面向世界、面向未来,更好地为社会主义建设事业贡献自己的力量。

（一）开放创新的内涵

在计划经济时代,我国形成了一套固有的思想政治教育模式,但是随着我国对外开放程度的不断加深,社会主义市场经济的发展已经取得了一定的成果,原有的思政课教育教学模式已经不能再适应社会的需求,因此必须对大学生思政课教育教学模式进行创新。从当前大学生思政课教育教学情况来看,在实际操作中,存在着较为严重的短期行为、孤立行为、务虚行为和信念模糊等情况,这对"互联网十"背景下提高大学生的思想道德素质是极为不利的。想要全面提高大学生的思想政治素质,就必须改变以往的教育模式,创新教学理念,在全球意识、服务意识、现代意识的指导下,切实提高大学生思想政治教育工作的质量。

（二）开放创新理念的落实方法

根据现代思想政治教育的基本原理和基本规律,不断创新思政课教育教学应遵循理论性与实践性相统一的原则,时代性与实效性相统一的原则,继承性与创新性相统一的原则,真理性与价值性相统一的原则,系统性与开放性相统一的原则。

创新思政课教育教学,包括创新内容、方法、教师队伍建设、保障机制等。

在创新思政课教育教学的内容上,要坚持以理想信念教育为核心,加强思政课改革和建设;要坚持科学精神和人文精神并重;要重视和加强大学生网络道德和法制教育。

在创新思政课教育教学方式和方法上,要坚持外部灌输与引导学生自我实践体验相结合;要注重情感互动,情理结合;要把思政课教育与解决实际问题相结合;要以互联网、手机、微博等新媒体为载体,拓展思政课教育教学的新阵地;要充分利用时尚、情感、文化元素,增强教学的针对性与实效性。

在创新教师队伍建设上,要建设一支精干的专兼结合的思想政治教育队伍;要大力加强师德建设,培养和提高教师个人的人格魅力。

除此之外,保障机制上要做到创新,具体表现为:

第一,创建科学的思政课教育教学效果的评价机制,定期进行督促、检查与评价,全面掌握思政课教育教学进度和具体实效。

第二,实现思政课教育教学与社会实践的接轨。要密切结合学生实际,因人施教、因材施教。要积极引领学生深入社会,在实践中受教育、长才干。

第三,注重培养学生的主体意识和自我教育能力。要注重教育方法的改进,加强教育过程中师生的双向交流,引导学生进行自我认识、自我评价、自我约束、自我激励以及自我完善。

第四,创新思政课教育教学的保障机制。保证并加大必要的大学生思政课教育教学的经费投入;积极为大学生思政课实践活动的开展提供必要的设施、设备和活动场所;善于运用现代技术提升大学生思政课教育教学的效果;不断建立健全各项规章制度。

二、全面发展理念

人的全面发展问题,是一切工作的中心问题,如果这个问题解决得好,那么将对社会经济的发展起到很大的积极作用,如果这个问题解决得不好,那么这对我国社会经济的发展也会产生很大的阻碍作用。大学生思政课教育教学承载着培养社会主义合格建设者和可靠接班人的历史重任,是造福千家万户的民心工程,必须以人的全面发展作为其基本理念。

（一）全面发展的内涵

重视学生的全面发展,并且根据时代的变化及时拓展学生全面发展的内涵,是我们党的一个优良传统。早在 1957 年,就有了关于全面发展的思想,出现在毛泽东的《关于正确处理人民内部矛盾的问题》一文中,这篇文章明确提出了人的德、智、体全面发展的思想。他指出:"我们的教育方针,应该使受教育者在德育、智育、体育几方面都得到发展,成为有社会主义觉悟的有文化的劳动者。"紧接着,邓小平对人的全面发展思想进行了继承和发展,提出了培养"四有"新人,并将此作为社会主义精神文明建设和中国特色社会主义文化建设的核心。江泽民在庆祝北京大学建校一百周年庆祝大会上的讲话中指出了"四个统一","即大学生要坚持学习科学文化与加强思想修养的统一、坚持学习书本知识与投身社会实践的统一、坚持实现自身价值与服务祖国人民的统一、坚持树立远大理想与进行艰苦奋斗的统一",主要针对大学生一类的青年知识分子的发展目标、成才道路、价值取向及实现途径等提出了要求,为青少年的全面发展和健康成长指明了方向。

2004 年,中共中央、国务院联合下发《关于进一步加强和改进大学生思想政治教育的意见》。《意见》从全面实施科教兴国和人才强国战略、应对激烈的国际竞争、全面建设小康社会加快推进社会主义现代化以及培养中国特色社会主义事业合格建设者和可靠接班人的战略高度,充分肯定了大学生思想政治教育的重要意义。在 2005 年 1 月 17 日召开的全国加强和改进大学生思想政治教育工作会议上,胡锦涛指出:"培养什么人、如何培养人,是我国社会主义教育事业发展中必须解决好的根本问题。大学生是国家宝贵的人才资源,是民族的希望、祖国的未来。要使大学生成长为中国特色社会主义事业的合格建设者和可靠接班人,不仅要大力提高他们的科学文化素质,更要大力提高他们的思想政治素质。只有真正把这项工作做好了,才能确保党和人民的事业代代相传、长治久安。"党的十八大把促进人的全面发展写入中国特色社会主义道路,既是对科学社会主义核心原则的继承,也符合当前中国社会主义初级阶段的实际情况。在党中央的领导和重视下,促进当代大学生的全面发展和健康成长,是新时期顺应时代发展客观需要的重要热潮。

从上述内容中我们可以看出,所谓的实现大学生的全面发展,实际上就是要提高大学生的综合素质。具体来说主要包括思想道德素质、科学文化素质和身心健康素质等,这三个方面互相协调,共同推动了大学生的全面发展。其中,在大学生教育培养过程中,思想道德素质是大学生素质教育的灵魂,在素质教育中处于最基础的地位;科学文化素质是大学生成才的基石,在素质教育中处于关键性的位置;身心健康素质是成就人才的根基,大学生的思想道德素质和科学文化素质都是在此基础上培养起来的。由此我们可以说,实现大学生的全面发展,就是要实现大学生在思想道德素质、科学文化素质和身心健康素质三方面的协调、可持续发展。

(二)"全面发展"的思政课教育教学思路

用全面发展的观点指导思政课教育教学工作,其主要目的是让大学生树立起全面发展的教育观,实现大学生在思想道德素质、科学文化素质、健康素质三方面的协调发展。

1. 思想道德素质教育

思想道德素质是指个体通过接受一定的教育和参加社会实践活动,经过独立自主、积极理性的思考后形成一定社会或阶级所要求的思想观念和道德准则,并自主、自觉与自愿地做出相应行为的素质与能力。一般来讲,大学生思想道德素质包括思想素质、政治素质和道德素质三个方面。思想道德素质教育是大学生素质教育的灵魂,大学生是我们实现中华民族伟大复兴的希望,他们的思想道德素质状况直接关系到全面建设小康社会的目标能否顺利实现。在新的历史条件下,加强大学生的思想道德素质教育,努力提高他们的思想道德水平,对于弘扬中华民族伟大民族精神和时代精神,在社会上形成良好的道德风尚,全面建设小康社会,加快推进社会主义现代化建设具有十分重要的意义。

(1)思想素质教育的内容

对大学生进行思想素质教育,其主要目的是要提高大学生的马克思主义理论素质,让他们掌握科学的世界观和方法论,在分析问题的过程中,善于运用马克思主义的观点,培养学生的创新意识,满足社会的发展需求。具体来说,思想素质教育的内容主要有以下两点。

第一,马克思主义基本理论教育。促使大学生努力学习和全面掌握马克思列宁主义基本原理、毛泽东思想、邓小平理论、"三个代表"重要思想和科学发展观,使大学生具有扎实的马克思主义基本理论功底。

第二,马克思主义世界观和方法论教育。要深入开展马克思主义哲学教育、实事求是的思想路线教育、马克思主义认识路线教育和科学方法论教育,引导大学生树立科学的马克思主义世界观和方法论,培养他们自觉地运用马克思主义唯物辩证法的观点和方法认识世界、改造世界、解决实际问题的能力。

(2)政治素质教育的内容

对大学生进行政治素质教育的目的是,帮助大学生树立起正确的政治观点,提高他们的政治敏感度和判断力,在未来发展中始终坚持维护正确的思想指导,坚持社会主义发展方向,坚决拥护党的领导,坚持民主执政,为中国特色社会主义事业的发展做出自己的贡献。根据这一目标,政治素质的教育内容有以下三点。

第一,理想信念教育。引导大学生树立建设中国特色社会主义的共同理想和共产主义远大理想,激励他们为实现这一伟大理想而奋发向上、开拓进取。

第二,爱国主义教育。让大学生了解中华民族优秀历史文化传统,弘扬和培育中华民族伟大民族精神,增强民族自尊心、自信心和自豪感,激励他们把满腔爱国热忱投入建设中国特色社会主义事业中去。

第三,民主法制教育。帮助大学生树立社会主义民主法制观念,明确作为一个国家公民,所享受的权利和应尽的义务。教导他们自觉遵守国家法制法规,并勇于同一切违法乱纪的行为做斗争。

(3)道德素质教育的内容

对大学生进行道德素质教育的主要目的是,提高大学生的思想道德水平,遵循道德规范,培养他们对于道德的良好认知能力,树立起为人民服务的价值观念,能够正确处理个人与集体利益之间的关系,始终将集体的利益放在首位。

根据这一教育目标,道德素质的教育内容有以下三点。

第一,公民基本道德规范教育。对大学生进行以"爱国守法、明礼诚信、团结友善、勤俭自强、敬业奉献"为主要内容的基本道德规范教育,使他们明确作为一个社会公民所应遵守的最起码的道德。

第二,社会公德、职业道德和家庭美德教育。培养大学生以"文明礼貌、助人为乐、爱护公物、保护环境、遵纪守法"为主要内容的社会公德,以"爱岗敬业、诚实守信、办事公道、服务群众、奉献社会"为主要内容的职业道德以及以"尊老爱幼、男女平等、夫妻和睦、勤俭持家、邻里团结"为主要内容的家庭美德。

第三,社会主义和共产主义道德教育。在培养大学生公民道德的基础上,还要对他们进行社会主义人道主义教育和以为人民服务为核心、以集体主义为原则、以"五爱"为基本要求的社会主义道德教育,并在大学生先进分子当中提倡大公无私、先人后己的共产主义道德规范。

2. 科学文化素质教育

科学文化素质教育包括科学素质教育和人文素质教育两个方面,这两个方面又是紧密联系、相互渗透、不可分割的。科学文化素质教育的具体内容包括很多方面,从德育的角度来讲,大学生科学文化素质教育的重点在于培养两种精神——科学精神和人文精神。这两种精神是科学文化素质教育的核心。

科学精神是人们从科学活动过程中和科学认识成果中提炼出来的价值准则和行为规范,是人们的认识精神在科学认识上的投影,是人类在漫长而艰巨的科学研究探索过程中逐渐形成而不断发展起来的一种主观的精神状态。科学精神激励着人们驱除愚昧、求实创新,不断推动社会的进步。无论是西方近代的文艺复兴,还是我国现代的五四运动,无不显示出科学精神的巨大作用和深刻影响。科学精神由于是在科学活动的过程中形成并发展起来的,因此,科学精神的内涵也随着科学活动的不断推进而不断得到充实和发展。在当代,科学精神有着新的时代内涵。科学精神的内涵很丰富,最基本的要求是求真务实、开拓创新。因此,对大学生科学精神的培养,重在培养以下几种精神。

第一,坚定不移的求真精神。科学研究是一种艰苦的工作,通向未知世界的道路绝对不是平坦大道,这条路上布满了荆棘,只有付出辛勤的汗水,矢志不渝,才会获得成功。

第二,尊重事实的务实精神。科学是老老实实的学问,来不得半点虚假和浮夸。只有尊重事实,从实际出发,以实践作为检验真理的唯一标准,才能正确认识客观世界,揭示事物的客观规律。

第三,勇于批判的怀疑精神。怀疑是一切科学创造活动的真正出发点。哥白尼从怀疑地心说而最终提出日心说,达尔文从怀疑上帝造人说而提出进化论,科学就是在不断怀疑批判前人学说的基础上获得进步和发展的。

第四,勇于开拓的创新精神。创新精神是科学得以创造和发展的精神动力和力量源泉。科学活动是从已知出发去探索未知从而发现和认识世界的,它在本质上是创造性的。提出新问题,解决新问题,得出新成果,是科学工作者的本职,也是衡量他们工作表现、价值大小的尺度。

人文精神是一个民族、一种文化的内在灵魂和生命,是贯穿在人们的思维和言行中的信仰、理想、价值取向、人格模式和审美情趣。它是特定环境里各类精神价值的综合,是时代文化精神的核心。以人为本,关注人的现实存在和终极价值是人文精神的主旨,也是人文精神得以产生的源泉。人文精神的培养和人文素质的教育在中外教育史上具有悠久的历史传统。如我国古代儒家所提倡的"君子""大丈夫"等理想人格教育,近代蔡元培先生提出"普遍教育的宗旨在于养成健全的人格"等,都是重视人文精神培养和人文素质教育的光辉典范。人文精神是一个历史范畴,在不同的时代有不同的主题。当代大学生人文精神培养的基本内容是根据社会发展需要和目前大学生人文素质的现状来确定的,它主要包括独立人格教育、道德理念教育、人生态度教育和终极关怀教育四个方面。

第一,独立人格教育。独立人格是大学生人文精神培育的基础和前提。一个人只有首先在人格上具有独立性和自主性,不盲目地听从别人,有自己的意见和主张,才谈得上具有人文精神。畏畏缩缩、唯唯诺诺、趋炎附势,连人的尊严都丧失了,又怎么谈得上具有人文精神呢?

第二,道德理念教育。一个人不仅要成为一个独立的人,而且还要成为一个有道德的人。要教育大学生爱人如己、推己及人,设身处地为他人着想;要"先天下之忧而忧,后天下之乐而乐",具有仁民爱物的胸怀;要热爱自然,保护环境,维护生态平衡。

第三,人生态度教育。在对人生的态度上,要教育大学生具有积极乐观的人生态度,自强不息,开拓进取。人的一生不可能是一帆风顺的,逆境和顺境总是交替出现,伴随人的一生。要教育大学生身处顺境时,不得意忘形,要居安思危;身处逆境时,不怨天尤人,要坚韧不拔,百折不挠,勇往直前。

第四,终极关怀教育。人文精神是现实性和超越性的统一。它既是一种现实关怀,体现现世性的精神追求;又是一种终极关怀,体现了人对超越有限、追求无限的一种渴望。终极关怀源于人是一种有限而企盼无限的存在物,是人的精神世界对超越有限、追求无限的一种渴望,是对生命意义的一种终极关切。它具体表现为理想和信念。要引导大学生树立共产主义远大理想,在社会主义现代化建设事业中以自己有限的生命获得无限的人生意义。

在人类的精神家园中,科学精神和人文精神占据了重要的地位,二者之间是一种相互联系、互为补充的关系。从本质上来看,二者都是一样的,都是在人们对于至真、至善、至美生活向往的追求中所产生的。在对大学生思想政治教育的过程中,必须注重对其科学精神和人文精神的共同培养,这是因为,人文精神可以做支撑科学精神的培养,而科学精神又可以对人文精神的培养进行指导。如果失去了人文精神,那么科学精神也就失去了其存在的真正意义,失去了科学精神的人文精神,同样也是不完整的。因此,对大学生思想政治教育,必须注重科学精神和人文精神的相结合,克服只重视科学精神教育而忽视人文精神教育或者只重视人文精神教育忽视科学精神教育的错误倾向。

3. 健康素质教育

健康是大学生成才的重要保障,已成为人们的共识。健康的含义,包括生理和心理两个方面的内容。1948 年世界卫生组织明确指出,健康是一种身体上、精神上、心理上和社会上的完满状态,而不是没有疾病或残弱现象。因此,这里的健康素质教育主要包括两个方面,即身体健康素质教育和心理健康素质教育。

身体健康素质教育。身体素质是人的素质发展不可缺少的物质基础,是在遗传获得性基础上发展起来的人体形态与生理功能上的特征,包括生理解剖特征(身高、体重、骨骼系统、神经系统等)和生理机能特征(运动素质、反应速度、负荷限度、适应能力、抵抗能力等)。身体健康素质教育也就是我们通常所讲的体育,从德育方面来讲,身体健康素质教育就是要教育大学生树立"身体是革命的本钱"的观念,促使大学生积极参加体育锻炼,增强体质,做到劳逸结合,只有拥有健康强健的身体,才能开展其他一切活动,才能全力提高其他方面的素质。

心理健康素质教育。心理素质是指在认知、情感、意志过程中所表现出来的求知欲、审美力、乐群性、独立性和坚持力等。它是个人整体素质的一个极为重要的方面,良好的心理素质是大学生学会适应社会、具有良好人际关系、形成健全人格的重要保障。近年来,许多有关大学生心理健康状况的调查资料显示,当代大学生心理矛盾日渐增多,由此引发的心理问题也日渐突出。大学生心理健康问题越来越受到社会的广泛关注,加强大学生心理健康素质教育成为大学生思想政治教育的一项紧迫任务。根据大学生心理健康的基本标准和目前大学生当中普遍出现的心理问题和心理疾病,我们把大学生心理健康素质教育内容制定如下。

(1)积极适应性教育

进入大学,面对一个与以前截然不同的新环境,许多大学生都会产生强烈的心理冲突,出现程度不等的适应不良症状,这就需要对他们进行积极的适应性教育。要培养大学生适应环境的能力,引导他们掌握排解学习、生活中的心理困扰的方法和技巧,使他们尽快适应新生活,保持心理健康。

(2)健康情绪教育

大学时期是大学生面临的一个特殊发展时期。面对环境的变化和来自社会、家庭的压力,大学生当中很容易出现迷惘、焦虑、孤独、自卑、苦闷、空虚等心理障碍。这些障碍若不及时清除,会严重影响他们的健康成长和成才。因此,要让大学生了解人的情绪健康的标准及自身情绪变化的特点,学会体察和表达自己和他人的情绪情感,掌握调节情绪的方法,运用有效的调控手段,使自己经常保持良好的心境和乐观的情绪。

（3）加强意志教育

现在的大学生大多成长环境较为优越，没有经过艰苦生活的磨炼，对生活的期望值过高，缺乏迎接困难的心理准备，不少人意志力薄弱，耐挫力差。对此，应引导大学生充分认识意志在成才上的作用以及自身意志品质的弱点，激发大学生以坚强毅力和顽强精神去克服困难的勇气，增强大学生的心理承受力，鼓励他们持之以恒、百折不挠地向着既定目标前进。

（4）健全人格教育

人格障碍是大学生心理健康中比较突出的一个问题，对大学生的健康成长构成了很大的威胁，因此，人格教育是当代大学生心理素质教育的核心和关键。要引导大学生气质、能力、性格和理想、信念、动机、兴趣、人生观等各方面平衡协调发展，培养他们适中合理的思考问题的方式、恰当灵活的待人接物态度，使他们能与社会的步调合拍，也能与集体融为一体。

（5）人际交往教育

人是社会的人，任何人都不可能离开他人和社会孤立地生存与发展。和谐良好的人际关系是维持和促进大学生心理健康的前提。要帮助大学生掌握人际交往的特点和规律以及人际交往艺术，使他们在群体中能与人和睦相处，学会沟通、互助和分享；善于在群体中发挥自己的才干，达到高水平的自我实现；在与人交往的过程中养成宽宏大度、尊重他人、乐于助人的良好品质。

三、以学生为中心理念

思政课教育教学是教育学生、说服学生、塑造学生的工作。关注学生的自身发展、解读人存在的意义、帮助其建构精神家园，进而促进学生全面自由的发展是思政课教育教学的重要任务，为此，思政课教育教学的价值和归宿就是以学生为中心。思政课教育教学也只有坚持"以学生为中心"的核心教学理念，才能产生影响力和亲和力,也才能提升教学效果。

(一)以学生为中心理念的诠释

罗杰斯是人本主义心理学派的重要代表人物之一。他在长期的心理治疗和研究的基础之上逐渐形成了"以来访者为中心"的治疗理论,并将这一理论扩展到教育领域,提出了"以学生为中心"的教学理念,即非指导性教学模式。

以学生为中心的教学理念,实质上就是尊重受教育者在学习中的主体地位。它包括三个方面的内容:第一,教育者必须具备三种优良的品质,即真诚、接受和理解。第二,教育者必须做到"以人为本",真正尊重受教育者。第三,必须把受教育者视为学习活动的主体,教学和教育都应以受教育者为中心,应尊重受教育者的个人经验,并创造一切条件和机会,促进受教育者学习和变化①。

罗杰斯主张"以学生为中心",主张非指导性教学模式,主张自由学习。但是,"非指导"并不是"不指导自由学习"也不是"放任自流"。在传统教育模式中,教育者往往是"权威者""决定者",受教育者是"接受者""服从者"。非指导性教学模式主要是摒弃传统教育模式中教育者占主体地位的弊端,强调受教育者在学习中的主体地位,实现教育者和受教育者的角色转换,促使其平等对话、协同参与,共同完成教学任务。

中国华中科技大学教育科学研究院刘献君教授指出,"以学生为中心"的教育理念不是指教师围着学生转,也不是指教师与学生角色、身份、地位的高低,而是指教学理念、管理理念、服务理念的转变,教学方法、评价手段的转变。教育的目的不在"教"而在"学",也即"教"只是手段不是目的,学生学习了就有教育,没有学习就没有教育。因此,最根本的是要从以"教"为中心,向以"学"为中心转变,即从"教师将知识传授给学生"向"让学生自己

---

① 车文博.人本主义心理学元理论[M].北京:首都师范大学出版社,2010,第157页.

去发现和创造知识"转变,真正关注学生的学习、他们如何学以及学到了什么[①]。

杜肯大学威廉姆·巴伦内教授从心理学的视角,对"以学生为中心"的教育进行了界定,认为它是将教学的重心从教师转化为学生自己要学和要做;赋予学生权利,让其更充分地参与,更好地被激发,对自己的学习更负责的一种教学模式;其效果超越对孤立事实的死记硬背,强调高层次(由记忆、理解、应用到分析、评价、创新)的思考[②]。强调学生的主动学习,通过主动学习提高学生成绩,提高学生参与程度,更好地激励他们承担学习责任和增强自我意识;强调教师的革新,要和学生建立积极的关系,鼓舞学生积极思考和学习。他同时强调,以学生为中心的学习不是一种特定的教学方法,很多不同的教学方法都可以用于其中;在以学生为中心的课堂教学过程中,学生们并不意味着就是随心所欲,而应对自己的学习负责。

综上所述,"以学生为中心"实际上是要实现本科教育从"教"到"学"、从"传统"到"学习"这一新范式的转变。在"以学生为中心"的教育理念下,学习环境和学习活动是以学习者为中心,并由学习者自己掌控,大学的目标是为学生自主发现和构建学问创造环境,使学生成为能够发现和解决问题的学者。教师是学习的组织者和指导者,要从整体的角度设计学习,学生是学习过程的主体,是知识的探索者和建构者,通过教师的引导,充分发挥和调动学生的学习积极性和主动性。

(二)以学生为中心教学理念的理论基础

1. 人本主义理论

人本主义理论是美国当代心理学主要流派之一,由美国心理

---

① 刘献君.论"以学生为中心"[J].高等教育研究,2012(8).
② 李嘉曾."以学生为中心"教育理念的理论意义与实践启示[J].中国大学教学,2008(4).

学家马斯洛创立,现在的代表人物有罗杰斯。人本主义反对将人的心理低俗化、动物化的倾向,故被称为心理学中的第三思潮。人本主义强调爱、创造性、自我表现、自主性、责任心等心理品质和人格特征的培育,对现代教育产生了深刻的影响。人本主义教学思想关注的不仅是教学中认知的发展,更关注教学中学生情感、兴趣、动机的发展规律,注重对学生内在心理世界的了解,以顺应学生的兴趣、需要、经验以及个性差异,达到开发学生的潜能、激发起其认知与情感的相互作用,重视创造能力、认知、动机、情感等心理方面对行为的制约作用[①]。教师在教学中的角色发生了变化。不再是主导者、决定者和评估者而是辅导者、合作者、促进者和帮助者。教师的职责不再是以前的授业解惑,而转变成创造良好轻松的学习氛围,提供学生学习需要的更多资源,鼓励诱导学生独立思考获得学习经验。学生的职责也不再是被动地接受知识,而具有选择权和主动认知权,对学习和考核评价负有责任。

2. 建构主义理论

建构主义也译作结构主义,是认知心理学派中的一个分支。基本观点是,儿童是在与周围环境相互作用的过程中,逐步建构起关于外部世界的知识,从而使自身认知结构得到发展的。儿童与环境的相互作用涉及两个基本过程:"同化"与"顺应"。建构主义理论的内容很丰富,但其核心只用一句话就可以概括:以学生为中心,强调学生对知识的主动探索、主动发现和对所学知识意义的主动建构。建构主义认为,知识不是通过教师传授得到,而是学习者在一定的情境即社会文化背景下,借助其他人(包括教师和学习伙伴)的帮助,利用必要的学习资料,通过意义建构的方式而获得。提倡在教师指导下的、以学习者为中心的学习,既强调学习者的认知主体作用,又不忽视教师的指导作用,教师是意

---

① 曾德琪. 罗杰斯的人本主义教育思想探索[J]. 四川师范大学学报(社会科学版),2003(1).

义建构的帮助者、促进者,而不是知识的传授者与灌输者。学生是信息加工的主体,是意义的主动建构者,而不是外部刺激的被动接受者和被灌输的对象。以学生为中心的教育理念坚持以学生为本,教学过程中以学生为主体,正是建构主义理论的具体体现。

(三)以学生为中心理念形成的必要性

(1)坚持以学生为中心的教学理念是实现培养人才的教学目的的需要。思政课是对学生进行系统的思想政治教育的主战场,其最终目的就是培养适应时代发展的高素质大学生。因此,思政课教育教学必须面对互联网时代的社会开放和价值多元的现实,通过课内课外、网上网下给予学生正确引导,使学生能够正确运用新的媒介载体,识别纷繁复杂、良莠不齐的网络信息资源,从中选择有利于自己身心发展、成长成才的信息。当今的大学生视野开阔,思想前卫,但是他们缺乏人生阅历以及经验,崇尚自我个性的张扬,与强烈的求知欲相比,判断力比较弱,"互联网十"视域下纷繁复杂的信息资源,很容易影响他们的世界观、人生观以及价值观。因此,思政课教育教学要以学生为出发点和归宿,突出学生的个性发展,满足学生成长成才的合理需求,并及时给予他们帮助和引导,引导他们正视道德冲突,解决道德困惑,尽一切努力用服务的意识去实现教学的目的。

(2)坚持以学生为中心的教学理念是完成思政课教育教学任务的需要。学生是教育的出发点,也是教育的归宿。高校教育的根本任务是培养人才。思政课教育教学的根本目的就是立德树人,以促进人的全面发展。因此,必须改变长久以来思政课教育教学以"传道"和灌输为主要抓手,忽视学生能力和个性的培养的局面。思政课教育教学要贯彻和落实中央科学发展观、科教兴国和人才强国的战略,进一步强化大学生思想政治教育的任务性,以立德为基础促进树人。坚持以学生为中心,在培养他们自觉明辨是非、自主选择和自我修养的能力的同时,培养他们坚持正确的政治方向,自觉抵制各种黄、毒、反动等有害信息的侵染,健康成长,全面发展。

（四）以学生为中心理念的实现途径

1. 塑造新型的师生关系

教育不是以传输知识为主,是赋予学生对于生命的理解,是为了培养学生健全的人格。教学真正的意义在于让学习发生,教师应该为学生创造学习需求、学习动机。"互联网＋"视域下思政课教育教学的重大意义在于能让学生的学和教师的教更有效,能够检验课堂上所建立的师生关系是否符合新时代下通过师生互动协作产生新型师生关系的要求。"互联网＋"视域下思政课教育教学新型师生关系不是以独立的某个个体为中心,而是协同合作。要想塑造新型的师生关系必须做到以下三点。

（1）"互联网＋"让学生感受到教师的爱无处不在

爱是教育的源泉,没有爱就没有教育。教师对学生的关爱形式表现在有意识地关心弱势群体,多提问"学困生",利用课余时间找学生谈心或者课后对部分学生进行家访,但这种关爱方式只能照顾到个别学生,不能面向全体学生等方面。随着"互联网＋"的发展,教师对学生的关爱方式更灵活,覆盖面更广。教师可以利用各种网络平台和学生成为朋友,如建立 QQ 群或微信朋友圈和学生、家长进行交流等。以往,教师要想在假期全面了解学生的学习生活情况,只能在开学后对学生进行简单的了解,而深入了解至少要在开学一两个月甚至半个学期以后才能得以实现。随着各种网络平台的出现,教师可以随时随地了解学生的情况,给予学生关心、解答学生的疑难问题,对于师生之间的交流与沟通具有重大的作用。

（2）思政课教师要让学生乐意参与教学活动

每个学生都是独立的个体,教师在教学中要因材施教。在教学过程中,教师应该为学生创造学习的机会和展示自己的平台,激发他们的学习兴趣,营造良好的学习环境,让学习发生。教师要利用"互联网＋"时代的一切信息化手段让学生乐意参与教学活动。比如 PPT 展示、微视频制作。

（3）重新进行思政课教师的角色定位

在传统思政课教育教学中，教师一言堂、满堂灌，结果使学生个性得不到发展，心理受到压抑，找不到成功的动力。因此，必须对传统的思政课教师进行重新定位。

教师与学生在人格上是平等的。由此就决定了教师的角色不是领导，不是严父，不是法官，不是"上帝"，而应当是导师、朋友和助手。

导师。教师应以学生为中心，以学生发展为根本，既关心学生吸取知识，更注重丰富学生情感，健全学生的身心，完善学生的人格，教学生学会做人。教师应是学生自我发展的促进者，理想探求的指路者，心理困扰的排除者。应把学生当作学习的主体，改变单纯灌输的落后方法，让学生变被动接受和管理为主动参与，领着学生走向知识，而不是领着知识走向学生。激发学生创造的潜能，而不是单纯品尝前人创造的成果。

朋友。与学生交朋友，是思政课教师教学的一个重要手段。在关心热爱每个学生的同时，以爱心去理解、去尊重、去温暖、去感化，这样教师不仅能教书，而且是师德高尚、热爱生活、兴趣广泛、才华横溢、乐于并善于与学生打交道的朋友，是学生依靠的良师益友。

助手。教师应放下架子，淡化权威的角色，与学生共同探究、教学相长。帮助他们克服在人生道路上的障碍，帮助他们战胜学习知识中的种种困难，相信他们、鼓励他们做自己能做的事，支持他们在实践中增长才干。

2. 创新教学方式

（1）在线教学

在线教学包括课堂教学活动的前期自学准备阶段和后期巩固、拓展阶段。前期自学准备阶段的在线学习是在翻转课堂之前，学生通过各种网络平台自主完成基础知识的自学活动，主要包括目标导学、微课助学、在线测学、问题反馈四个环节,依托当前已建成的面向高等教育领域的信息化平台,如在线精品视频公开课、MOOC、微课资源库等;打造适合学校与学生实际的多层次、多维度、覆盖广的网络教学平台,如建立在线开放精品课程、手机微信课堂、博客、微博、QQ群等。后期巩固、拓展阶段的在线学习是在翻转课堂结束后,学生的在线网络学习是对教学内容的巩固、应用与延伸。整合校内外各级网络资源,如教育部和各级院校的优秀思政类网站、全国爱国主义教育基地网站、学术与教学资源、数字图书馆、网络论坛、知名高校微信及微博等,利用已建成的具有本校特色的思政课专题网站、在线课程及个人创设的各种网络教学平台,让学生进行课后的延伸阅读、在线复习与测试、互动交流和评价反思,了解思想政治理论动态,开展专题活动,观看影视作品,感受红色教育,播报与评论时事,评选身边优秀人物,展播优秀作品等。

(2)课堂教学

课堂教学即翻转课堂,是思政课教师按照课表时间安排,在一体化教室等真实场所,通过多媒体等现代技术手段,与学生互动完成课堂教学活动,是释疑、深入、内化、提升的教学过程,是整个教学阶段的关键部分。课堂教学活动通过小组的团队合作完成,教学的主要任务是解决学生在线学习的共性问题,进行教材重点知识的理解与内化训练、教学难点的剖析,梳理教材知识体系,讨论前沿理论与热点现实问题,塑造学生的创新思维等。在解决学生在线学习共性问题时,多采用讨论、分析、归纳的教学方法;在进行教材重点知识的理解、教学难点的剖析、知识体系的梳理时,虽然主要是以教师讲授为主,但多运用多媒体等现代教育技术手段,通过文字、图片、图表、音频、动画、视频等形式,以鲜活的、生动的方式呈现给学生;在进行重点知识的内化过程中,多创设与当前学习重点内容密切相关的真实情境,通过项目任务进行训练,如主题演讲、辩论赛、模拟法庭、角色扮演、问卷调查结果反馈、社会采访与调查视频、随手拍、微视频等;在讨论前沿理论与热点现实问题时,以学生关注的访谈、明星或案例作为切入点,采用新闻播报、问题评论、小组辩论等方式。

（3）实践活动

实践活动是指利用互联网开展校外实践和课堂实践活动。开展校外实践活动可以组织思政社团或部分骨干学生参观实践教学基地,也可以组织学生自愿参加志愿活动和参与社会调研等。让参观实践教学基地的学生将基地基本情况介绍、基地实景、解说、采访、感受等全过程制作成微电影,放在网站上,供其他未参加活动的学生观看,从而实现参观实践教学基地活动的全员化;参加志愿服务既可以是学生到现场真实参与活动,也可以开展网上服务,无论是哪种形式,学生都可以在网络平台上展示自己参加志愿活动的全过程;参与社会调研可以通过专业在线问卷调查平台进行,如问卷星等。开展课堂实践活动可以借助互联网,先让学生在课下观看在线优秀影视资源、纪录片、专题片,参观网络纪念馆,在课堂上进行讨论与演讲;提前在线布置课堂实践项目任务,让学生将完成的任务通过网络展示出来,让学生评选优秀作品,在课堂上展示并点评优秀作品。

第四章 "互联网＋"视域下思政课教育教学模式与方法

随着新时期、新任务、新问题、新环境的产生和变化,尤其是在"互联网＋"视域下,传统的思政课教育教学必然受到时代的挑战。在此背景下,高校思政课教育教学必然要不断求新求变,一方面要赋予传统经验和方法以新内涵、新形式,以适应新形势下高校思想政治教育的新需求;另一方面,必须依据开拓创新、与时俱进和求真务实的精神,坚持从实际出发,积极探索新形势下高校思政课教育教学的新模式、新方法。

第一节 思政课混合教学模式的实施

在互联网技术迅猛发展、高等教育信息化逐步深入的大背景下,在线教学与课堂教学优势互补的混合式教学方法已经成为大家共同关注的问题。混合教学模式下高校思政课教师既可以通过基于网络的课堂进行教学,又可以课后完成备课、布置作业、批改作业、答疑等教学活动;学生除了课堂学习外,课后可以自主进行在线学习、在线做作业、讨论协作、在线答疑等学习活动。这种模式既可以发挥教师的主导作用,又可以满足学生自主学习的需要。

一、混合教学模式的应用基础

(一)融合的学习理论指导

学习理论是教学设计的理论基础。在对混合教学模式进行教学设计时,需要根据不同的具体情况加以选用。学习理论自20世纪50年代以来,历经行为主义、认知主义和建构主义等不同发展阶段。

从哲学的角度来看,认知主义和行为主义所持的立场是客观主义的。客观主义认为世界是由客观事物及特征和客观事物之间的关系所组成的。人们对客观事物及其之间关系的共同认识构成知识。知识可以通过教学的方式迁移到每个人的大脑之中。教学的目的就是以最有效的方式向学习者传授和迁移知识。所不同的是,认知主义学习理论更加强调学生的认知主体作用,强调教学既要重视外部刺激(条件)与外在的反应(行为),又要重视内部心理过程的作用,即学习的发生要同时依赖外部条件和内部条件。教学就是要通过安排适当的外部条件来影响和促进学习者的内部心理过程。

基于行为主义学习理论的教学优势在于目标明确,外在的刺激和灌输可以系统地讲述知识,易于形成自动化和机械化的操作,便于教师控制和组织教学等。而它的劣势在于学习的主体始终处于被动接受状态,积极性和主动性难以发挥,严重压抑了学生的创造性。当外在刺激条件与学生知识结构与准备状态不符时,知识传输的效率低下等。基于认知主义的教学优势在于能够在教学过程中考虑学生的认知心理。在内容的组织和选择上可以更好地符合学生的原有认知结构,教学效率较高。在统一的教学目标的要求下,学生可以达到基本统一的知识结构,便于管理和评测。学生的积极性和主动性得到了一定的发挥等。其弱势在于统一的教学目标未必符合每个人自己的最佳发展形式。统一的学习方式未必是每个人最佳的学习途径。另外,对于高级技能、复杂知识、解决问题的能力培养、创造力的培养等,基于认知主义学习理论的教学显得有点力不从心。

行为主义和认知主义的学习理论都强调知识的传授和迁移,也就是"教"。基本内容是研究如何帮助教师把课备好、教好,而很少考虑学生"如何学"的问题。共同的优点是有利于教师主导作用的发挥,有利于按照教学目标的要求来组织教学,不足之处是在按照这种理论设计的教学系统中学生的主动性、积极性往往受到一定的限制,难以充分体现学生的认知主体作用。

建构主义学习理论基本上采用非客观的哲学立场,认为每个个体的认知过程是各不相同的,学习的结果并不是可预知的。因此教学是要促进学习,而不是控制学习。强调的重点不是设计教学方法来控制学生的学习过程,使之达到预定的相同的教学目标,而是强调设计促进知识建构的学习环境、强调以学生为中心,促进知识获得的协作和交流。不仅要求学生由外部刺激的被动接受者和知识的灌输对象转变为信息加工的主体、知识意义的主动建构者;而且要求教师要由知识的传授者、灌输者转变为学生主动建构意义的帮助者、促进者,要求教师以广义上的学习环境出现,而不是以传道者的身份出现。在建构主义学习环境下,教师和学生的地位、作用和传统教学相比已发生很大变化。这意味着教师应当在教学过程中采用全新的教学模式(彻底摒弃以教师为中心、强调知识传授、把学生当作知识灌输对象的传统教学模式)、全新的教学方法和全新的教学设计思想。

建构主义学习在真实的问题情景中,借助社会交往与周围环境的交互,解决真实问题,习得技能,学生自我控制学习进程,自我建构学习目标。它能够最大限度地发挥学生的积极性、创造力和主动性,是创造能力培养的最佳途径,适合于复杂知识的理解,高级认知技能和社会技能的形成。其劣势在于没有统一的教学目标,学习评价较为困难,组织与管理学习也十分困难。学习过程中要求学生进行探索,发现和协作不适合简单的陈述性知识的学习。对学生的自主学习积极性、自我控制能力、认知技能都有比较高的要求。

总体说来,学习任务的复杂性增加、学习者的认知能力加强,学习环境逐渐丰富,最适合的学习理论从行为主义向认知主义到建构主义逐渐转化。教学(学习)是一个复杂的过程,不同的学习理论,在不同的学习阶段、不同的学习环境下是一种相互补充的关系,而不是相互排斥的关系。它反映了人们对知识以及学习本质的认识不断深入发展的历程,混合式学习实践就充分体现了这种理念融合的趋势。

(二)建构性的学习环境支持

将教学或其过程理解为学习环境,体现了建构主义倾向的对于知识和教学的理解。客观主义将知识理解为客观存在的状态或实体,因此将教学理解为传递这一客观知识的过程。而建构主义在将知识理解为个体在经验的基础上,通过与环境的交互来建构认知和意义的过程,因此在建构主义看来,教学是学习者充分利用环境提供的丰富工具和资源建立自己的认识和理解的过程,因而将教学理解为学习环境。

在建构主义学习环境里,学习者能够最佳地得到建构工具和学习环境的支持,这些工具和环境促进个人认识和意义的建立以及学生相互之间的交流,这样,教师的角色就是开发能使学生参与并建构其认识和理解的环境,这种环境体现的原则是:情景、建构、合作和交流。建构主义学习环境使学生参与知识的建构,这一建构的过程需要合作地进行,学习被安排在丰富的情境中,通过与他人的交流,学生能够反思已有的认识和理解。

情景包括现实世界环境中的特征,这些特征,要尽可能忠实地体现在学习环境中,包括物理的特征、文化的特征、社会的特征以及涉及所学知识应用的能力问题。

知识的建构是在情境中进行积极的连接和反思过程的结果,所产生的知识是大脑的产品,是个体来自于情境的经验及对情境解释的结果。这些经验能够在学习环境也能够在真实世界环境中遇到。只有允许个体或团体依据他们的体验建构自己的认识和理解,而不是要求他们"学习"教师对这些体验的解释,这样的学习才是建构性的。

学习者之间的合作整个学习过程中都在发生。合作有利于发展、测试和评估学习情境中产生的不同认识和理解,并促进人际交流技能的形成。

交流是合作所必需的,个人和小组在开始实施解决问题的计划之前,必须首先对这些计划进行协商。这一计划包括回顾已知的、思考需要知道的,考虑不同计划的可行性,以及它们所具有的潜能。交流是意义建立过程的重要部分,因为知识对我们大多数人来说,是以语言为媒介的。

建构主义学习环境具有真实学习情景、合作学习、注重问题解决等特色,所有的学习环境都依赖于技术,以使环境易于操作,计算机以及相关技术在建构主义学习的实现过程中发挥着举足轻重的作用。建构性学习环境包括如下基本要素。

(1)信息资源:学习内容及相关的辅助学习材料,包括教科书、录像带、教学软件、相关论文等。一般情况下,在学习环境中,高级复杂的知识内容,都是以具体情境中的问题的方式呈现的,并有大量相关的案例,学生要借助相关的信息和案例,在解决情境性问题中获取知识和能力。

(2)认知工具:认知工具是支持、指引扩充使用者思维过程的心智模式和设备(Derry,1990)。在现代学习环境中,主要是指以计算机和通信网络相结合,用于帮助和促进认知过程的工具,学习者可以利用它来进行信息与资源的获取、处理、编辑、制作等,并可用其来表征自己的思想,与他人通信协作等。

(3)自主学习策略:学生在学习环境中要进行主动探索、主动发现,才能达到学习的目标,即必须通过自主学习才能完成,因此,适合学习者个别特征的自主学习策略就满足三个条件:①要在学习过程中充分发挥学生的主动性,要能体现出学生的首创精神;②要让学生有多种机会在不同情境下应用他们所学到的知识(将知识外化);③要让学生根据自身行动的反馈信息来形成对客观事物的认识和解决实际问题的方案(实现自我反馈)。

(4)帮助与指导:学习环境中,学习者是学习的主体,但并没有无视教师的指导作用,任何学习环境中,都存在控制、管理、帮助和指导的职责。教师在学习环境中确定学习任务,组织学习活动,提供帮助和指导,引导学生正确使用认知工具。教师是教学过程的组织者、指导者、意义建构的帮助者和促进者。

二、互联网环境下思政课混合教学模式的具体实施

网络环境下的混合式的教与学主要有建构性学习环境设计、课堂教学、在线教学和发展性教学评价等四个主要环节(图 4-1)。

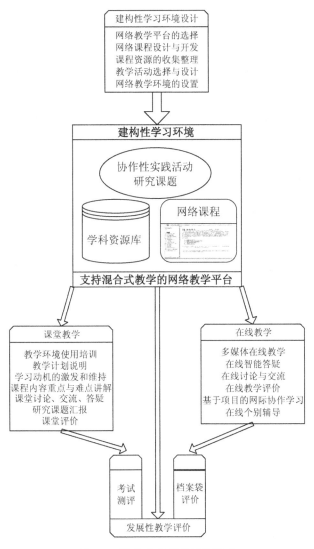

图 4-1 混合式教学的过程模式

（一）建构性学习环境设计

1. 支持混合式教学的网络教学平台的选择

目前国内已经有 80％以上的高等学校建设了设备先进、功能完备的校园网络并通过 CERNET 和 CHINANET 接入国际互联网。尽管网络能为教学提供丰富多彩的沟通交流功能，但是这些功能都是分散的，不利于教学的展开和管理，因此需要有一个集教学内容发布与管理、课堂教学、在线教学交互、在线教学评价、基于项目的协作学习、发展性教学评价和教学管理等功能于一体的网络教学平台来支撑混合式教学。目前国内较流行的通用网络教学平台有 4A、清华教育在线、电大在线、网梯教学平台、安博在线等。

2. 网络课程的设计与开发

目标明确、结构合理的课程内容是开展思政课教育教学并达到教学目标的基础，教育教学资源库为教师设计课程内容提供了大量的素材资源，精品网络课程为教师设计课程内容提供了良好的参考，教师可以选择适当的内容应用到自己的教学当中。

3. 课程资源的收集整理

优秀、多样的课程资源是在网络环境下开展思政课混合式教学的重要基础，没有优秀的课程资源就好比是"高速公路"（高等学校的校园网）上行驶着没有装载"货物"（资源）的"列车"（网络教学平台）。如果说课程内容是为了达到教学目标而用于课堂上教师的教学和学生的学习的教育资源的话，那么课程资源则是为辅助课程内容达到教学目标而用于学生学习的扩展资源。课程内容一般是由呈现讲解型的内容和教学交互型的内容组成的有一定逻辑组织结构的网络课程，课程资源则是一个个视频、音频、动画、图形/图像、文本等多种类型的或复合型的多媒体教学微课件,既可以是内容呈现和讲解型的教育资源,还可以是用于教学评价的试题、试卷等资源,也可以是一些用于扩展学习内容范围的文献目录索引。课程资源的设计和网络课程的设计类似,都可以基于网络教学平台来完成。

要想促进学生知识的良好建构,资源内容的设计开发要从原来的"以教为主"转向"学教并重",即不仅开发素材、课件类资源,更要开发支持自主探究、协作交流和研究性学习的有关资源。资源内容建设要朝既能支持教,又能支持学的方向努力。

4. 教学活动的选择和设计

教学活动是为了教学的深入展开而设计的一些探究性问题解决、小组协作问题解决、分组交流讨论、常见问题解答、在线智能答疑、自测方案、作业方案和作业评判等。教学活动应该参照已经设计好的课程目标、课程内容及其呈现形式,并按照教学的进度有针对性地选择和设计,即与具体的章节知识点相关联。教学活动的作用在于为学生创造具体的学习情境,并加强师生、生生之间的交流互动,因此恰当的教学策略对于教学活动的顺利展开尤为重要。例如,探究性问题解决教学活动首先需要教师设计新颖、开放、不确定的问题情境来激发和维持学生的注意力,教师提出与课程内容相关的疑问,并在一定程度上给出相关提示或提供一些材料,引发学生的学习兴趣,激励他们自己利用网络去查找信息,然后通过 BBS 或在线聊天室讨论交流问题。

(二)课堂教学的实施

传统的课堂教学一般存在形式、内容单一等诸多弊端,而网络环境下的网络课程、扩展资源、各种教学活动等在很大程度上弥补了这种不足。

1. 教学环境使用培训

教学环境使用培训主要是指培训教师和学生使用网络教学

平台及其他课件演示工具或交互工具等,熟悉教学环境,排除技术障碍,为保证教学效率奠定基础。教学环境使用培训,乃至信息技术与课程整合的最终目的都是使信息技术成为辅助学生学习的高级认知工具。学会使用各种认知工具创设学习情境、提供学习资源、写作与创作、发表个人看法、交流、协作、探索和发现、计算与数据处理、提供练习与反馈、个别指导和评价、提供学习帮助和启示、成长记录、质性评估、学习反馈等。

2. 教学计划说明

在课程开始之前教师需要将整个课程的教学计划以及各个阶段的教学计划公布在网络教学平台上,在课程教学进行的过程中,在每次课之前教师也需要将该次课的教学计划公布在网络教学平台上,以便学生准备和预习。教学计划说明的内容应该包括:教学目标、教学内容、教学方式、教学活动安排和教学评价方式等。

3. 学习动机的激发和维持

在线教学需要学生积极主动的参与,通过在课堂上讨论网络上的热门议题,表扬积极的学生并与学生进行情感互动,是鼓励和维持学生持续在网络上参与和讨论的最有效的措施,也是对在线教学的局限进行补充和完善的重要机制。为此,教师在课堂教学中要注意给学生发言的机会、积极听取和尊重学生的意见、适时地给学生鼓励等。师生之间的情感互动对于激发和保持学生积极向上的学习情感,激发并维持学生的学习兴趣和学习动机,促进学生人格的健康发展等都有重要的意义。

4. 课程内容重点与难点讲授

对课程中的重点内容的讲授,是保证学生快速掌握课程知识结构的重要措施。教师在课堂上使用预先设计好的网络课程教学,网络课程集成了精心设计和选择的多媒体课件,从多感官层面刺激学生的感觉器官,有助于学生的理解和记忆。

5.课堂讨论、交流、答疑

课堂讨论可以是在线讨论的起始,也可以是在线讨论的延续和深化。一次成功的课堂讨论、交流,首要的是教师设计一个有争论空间、有意义、能发挥学生的创造性思维的问题,然后正确引导学生的讨论方向,教师正确引导学生讨论交流的原则是"你可以不赞同对方的观点,但是你必须了解对方的这种观点和产生这种观点的原因",这有利于发散学生的思维,学生养成从多角度、全面思考问题的习惯。讨论交流的实施方式可以是多样的,对于大班教学一般是先分小组讨论,然后组间交叉讨论,最后教师总结讨论结果。

6.课堂小组协作研究课题并汇报

要想培养学生的实践能力与创新精神,基于小型项目的研究性学习是有效的手段。项目研究的开展可以在网络和课堂上配合进行:在网络上主要是进行讨论、信息检索和处理、资料共享、成果展示、过程信息记录和评价;在课堂中则主要是组织小组汇报,在汇报过程中与教师深入交流和讨论,从而得到适当的点拨。这是保证基于项目的研究性学习质量的重要环节,也是促进学生知识建构和迁移的重要手段。

7.课堂评价

除了教学内容的讲授之外,教师还可以通过网络教学平台所提供的考试模块对当堂或前面的教学内容进行联机测试,对于客观题系统会自动给出测试结果,并反馈给教师和学生。教师可以根据学生的掌握情况和学习需求及时调整本课时的教学计划或下一步的教学计划。

(三)课后基于网络的在线教学

课堂教学是基于班级常模进行的,也就是说教师的教授只能满足大部分学生的一般学习需求,对于那些课堂教学无法解决或没有时间的问题,只有靠课后学生的自主学习和师生之间的交互来解决。

1. 多媒体在线教学

教师可以根据课堂教学的情况随时在线调整网络教学平台上呈现给学生的课程内容、教学资源或教学活动等。学生课后可以在线复习课程内容,对学习内容做深层次的思考,达到真正理解和掌握。4A 网络教学平台还为学生提供书签、学习笔记本、学习任务管理等辅助学习工具。除了课程内容之外,教师或学生还提供了辅助学生理解和掌握课程内容的扩展资源,学生可以从中发现新的思想、新的观点,得到新的启示,探索和体验更为广阔的知识空间。

2. 在线智能答疑

学生在线学习的过程中难免会遇到疑难问题,或者在课堂学习中有遗留的问题,这时学生可以将问题提交到网络教学平台的答疑系统。对于一些普遍性的问题,教师可将此问题及解答作为资源整理到答疑中心,供其他学生遇到类似问题时作为解答参考。学生提问时系统会自动匹配问题资源,如果有类似的问题系统自动给出答案;若没有的话,学生需要等待教师或其他学生给出答案。这种智能化的答疑系统可以减轻教师答疑的工作量,缩短学生获得解答的时间。学生可以对其他学生的问题做出解答,这也是一种学习形式,在帮助别人的过程中获得提高。为了启发学生的思考方式或针对一些普遍性的问题,教师可以向答疑系统提出自己的新问题,由学生解答,也可自问自答,再将问题整理到问题资源库。这样,随着答疑系统的运行,问题资源会越来越多,学生需要的新问题会越来越少。

3. 在线讨论与交流

网络教学有良好的异步交互的优良特性,通过网络可以有效地对某一个论题进行深入讨论,弥补课堂讨论由于时间有限而造成的讨论浮于表面层次、感性成分居多、难以深入等缺陷。一般的网络教学平台都提供讨论交流模块,按照用户进入的课程来呈现论坛内容,讨论的主题可以由教师设置也可以由学生自己确定。讨论以发表文章为基本的讨论交流形式,交流不受时间限制,参与讨论的学生可以对讨论问题进行充分的思考,通过不同观点、立场的碰撞与交流,学生可以对一个复杂事物达到一个相对全面且深刻的理解。通过文章来表达自己的思想,可以大大提高学生的逻辑思考能力以及驾驭文字的能力。4A 网络教学平台的讨论交流系统将记录每个学生参与讨论的内容和相关统计数据,学生是否积极参与讨论以及讨论的深入程度是学习评价的一个重要指标。

4. 在线教学评价

自测、作业和考试等评价方式是保证教学质量的重要手段,尤其是在教学过程中进行的形成性评价,为教学策略的随时改进、实施个别化教学提供了依据。学生学习评价的实施可以借助网络教学平台提供的试题资源库、自动/手动组卷机制、作业催交、系统统计分析等来完成。教师可以根据教学进展抽取试题资源库中的一些试题资源组成试卷,作为学生巩固和复习课程内容的作业或自测,教师还可以根据学生的学习情况布置一些开放性的试题作为考试内容。不仅如此,学生在学习过程中也可以自己随机抽取与所学内容相关的试题组成自测试卷来进行自我评价。对于客观性试题,系统都可以自动批阅并给出评价和统计信息,对于主观性试题,则需要教师来批阅。每次作业或自测系统都会给教师一个统计报表,是教师进行教学调整的依据。

教师评价也是保证教学质量不容忽视的一个方面,对教师的评价可以采用学生匿名向教师提意见或打分的方式;教师还可以设计一些调查问卷放到网络教学平台上,以此来获取教学反馈从而改进教学。

5. 基于项目的网际协作学习

基于项目的网际协作学习就是一个班级分为几个学习小组，每个小组分配一个学习项目在网络环境下展开共同学习的学习方式。学习项目是针对一个实际问题确定的，不同于主题讨论的学习，小组成员在网络平台分配的各小组的学习活动空间里协同完成项目。小组成员有各自的任务目标，在完成任务的过程中，各成员遇到的问题可以上传到讨论组寻求帮助和讨论，而各自收集的资料可以放到小组共享的文件夹里共享。这种学习方式方便成员之间的跨时空交流和文件共享，有利于培养学生的协作能力和解决实际问题的能力。

6. 在线个别辅导

因材施教对于我国高校目前的大班级教学具有非常重要的意义，教师记住、随时了解每一个学生的背景信息和学习情况，是不现实的。网络教学平台提供了详细的统计与分析功能，教师通过查看学生的个人基本信息、学习历史记录、学习活动记录、学习成绩记录等，对学生进行诊断和了解，教师在充分了解学生的学习情况后，可提出针对性的指导意见或提供针对性的辅导。

(四)发展性教学评价

发展性评价不仅要关注学生的学业成绩，而且要发现和发展学生的多方面潜能，帮助学生认识自我，建立自信，同时注重发挥评价的教育功能，促进学生在原有水平上的发展。其评价思想体现为从关注考试到关注学习者的成长，从关注结果到关注过程，从量化评价到定量与定性相结合的评价体系的转变上。在信息技术支持下，实施和推行面向学习过程的发展性教学评价无疑对高等教育教学评价体系的转变起到重要的推动作用。

在进行发展性评价时，应针对不同评价内容和相应的课程目标,适当选择和灵活运用评价方式,适当渗透表现性评价的理念,以学生在各学科知识学习与运用或运用信息技术解决实际问题过程中的表现和成果作为评价依据,全面评估学生在学科知识的基础、学习的过程与方法、运用信息技术解决实际问题的能力以及相关情感态度与价值观的形成。在网络环境的支持下可以在在线测评、档案袋记录、问卷等多个方面开展评价工作(图 4-2)。

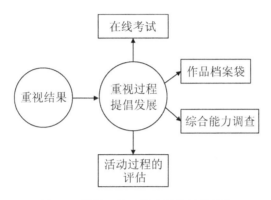

图 4-2　网络环境下的发展性教学评价

1. 档案袋评价

档案袋评价是网络环境下备受青睐的一种发展性评价方法,档案袋的主要功能是"存""反思""交流"。网络环境下的混合式教学,体现学生的发展和进步的信息的记录非常容易地被记录下来,在档案袋中归类存储,成为教师了解学生的窗口,也是学生自我反思的对象。

档案袋的数据来源主要是课堂教学和课后基于网络的在线教学两个环节中产生的一些过程性数据,包括学生浏览课程内容和课程资源的情况、学生讨论交流中的发言次数和发言内容、小组协作中贡献的资料、小组协作中组员的评价、提问的问题和次数、解答其他学生或教师的提问的次数和答案内容、作业和自测的成绩、阶段性考试的成绩、学习笔记本中的内容等,这些数据是对学生的学习进行过程性评价和形成性评价的依据。

2. 考试测评

基于网络教学平台的数字化学习有利于考试测评的开展，教师平时可以利用网络教学平台给学生提供一些自测题或者作业题，用作学生的自我评价。由于网络教学平台可以实现自测题和作业的自动批改，这使得教师无须投入很大的精力就可以很容易地了解学生的学习过程，而不仅仅是通过学期末的一次考试对学生进行总结性评价。学生通过网络将学习结果、对课程的评价以及对教师的评价反馈给教师，教师可以了解前一阶段的教学效果、学生现在的需求和学生对教师教学方面的意见，并根据情况对前面的教学内容做补充以及确定下一步的教学，有利于发展性课程评价的展开。教师和学生通过多种方式的交流利于教师多方面地了解学生，对学生进行多元的评价，引导学生健康地发展。

三、网络环境下思政课混合式教学的意义

（一）促进高校信息技术与课程更深层次整合，推动思政课教育教学改革

虽然目前国内 80％以上的高校都建设了校园网，但是除了开通电子图书馆和开设全校的信息技术课之外，大部分的应用停留在办公自动化系统、教务管理、财务报表、学生成绩统计、学校公告信息发布等教育行政管理的层面，没有真正应用到教学当中来。信息技术的应用能够极大限度地优化教学，将信息技术与日常的学科课程教学整合是当前进行教学改革并改革教学结构的突破点。整合的实质是通过新型教学环境的营造来改变传统的以教师为中心的教学结构，创设新型的主导—主体相结合的教学结构，以便使创新人才培养的目标落到实处。

课堂教学有利于教师主导作用的发挥，有利于教师监控整个教学活动进程，有利于系统科学知识的传授，有利于教学目标的

完成。在线教学则凭借丰富的数字化教学资源和各种交互工具、认知工具的有力支持,有利于培养学生的探究精神和创新精神。两种教学模式各有千秋,网络环境下的混合式教学则融合了这两种教学模式的优势,把"以学为主"的教学设计和"以教为主"的教学设计结合起来,打破了传统学校教育的课堂教学模式,同时也突破了传统远程教学无法实施有效的沟通和交流的局限,是一种全新的教学模式。在这种模式中,课堂教学和在线教学相互补充,学生的积极性和主动性能够得到更大的鼓励,充分发挥学生的主体地位,不仅对学生的知识技能与创新能力的训练有利,对于学生健康情感与价值观的培养也是大有好处的。

(二)弥补师生间因角色地位、个性心理等差异造成的师生、生生交流沟通少

在高等学校中教学与科研并重,高校教师一般既从事教学又从事学术研究,多数教师专心于科研工作,除了上课以外教师和学生见面的机会很少。另外,中国的大学已经开始进入了"独生子女"大学生时代。这是一个不容忽视的变化。他们在家庭中的地位是造成大学生崇尚自我、唯我独尊的成长背景。学生喜欢独立地按照自己的想法去做事情,不喜欢别人的参与。这些都造成了师生交流上的障碍,教师不了解学生,学生不了解教师。网络则以其提供的各种交流方式弥补了师生因角色地位、个性心理等差异造成的交流沟通少的问题,满足了学生交往的需要,对于学生学会交流、建立良好的人际关系有重要的作用。

(三)解决由于高等学校的教学组织形式带来的弊端

近几年来我国高等学校一直在扩招,我国高等教育规模早已跃居世界第一。目前国内高等学校在校学生已经接近现在高校师资所能承受的极限,宏观上办学规模的扩大决定了高等学校的教学组织形式只能继续实行传统的集体讲授式课堂教学。传统的课堂教学方式的优缺点是大家有目共睹的,它虽然充分发挥了

教师在教学中的主导和监控作用,但是不能很好地发挥学生的积极主动性,使得长期以来我国高等学校对学生创新精神和创造能力的培养是一个突出的薄弱环节。

网络环境为师生提供了多种交互渠道,对于弥补思政课课堂教学中面对面教学的不足有重要作用。另外,网络为学生提供了自由、开放的学习空间,这不仅有助于调动学生的积极性,开阔学生的视野,满足学生对知识的需求,而且对于培养学生的创造精神和树立终身学习的观念有重要的意义。

第二节　思政课教育教学方法创新探索

"工欲善其事,必先利其器。"创新思政课教育教学,方法是关键。方法是人们想问题、办事情的思路和方式,方法对头,事半功倍,方法不对,事倍功半,甚至事与愿违。创新思政课教育教学方法,就是要把握思政课教育教学的规律性,找到教育者与受教育者之间紧密契合的桥梁,以增强教育的实效性。

一、"互联网＋"视域下思政课教育教学方法创新的内涵

方法是以客观规律为依据、在人的主观作用下产生的。方法创新以人的活动方式等为对象,在旧有方法的基础上进行改革或是直接创造出新的方法,从而为事物的发展带来良善的改变。在实际生活中,人们往往只注重物化的、易观察的创新,而没有给予方法创新以充分的重视。荀子曰:"君子生非异也,善假于物也。"大意是君子的本性跟一般人没有什么不同,只是善于借助外物罢了。这里的"外物"便是解决问题或者达到目的的方法、途径,由此可见方法的重要性。根据实践可知,方法创新即人类不断发挥自身的主观能动性增强方法的工具性作用,突破自身的局限,提高各项水平,扩大人的世界的范围。

二、"互联网十"视域下思政课教育教学方法创新的原则

要想对思政课的教学方法加以创新,就需要以过去的经验和成果为基础,在认识和把握科学规律的前提下进行,而不能脱离实际、任意发挥。面对当前全球化和信息化环境下思政课教育教学条件、对象等的变化,创新则是充分发挥思政课教育教学有效性的一条必由之路。在进行思政课教育教学方法创新时需要遵循以下原则。

(一)实事求是原则

实事求是是中国共产党在革命和建设时期经过漫长的实践逐渐形成的理论成果的精髓。实事求是不仅要求我们要从实际出发,还要在新时代下解放思想。在思政课教育教学中,解放思想、实事求是、理论联系实际原则意味着教育者要在社会实际和思政教育实践的基础上,从大学生的思想状况出发,对大学生的言行举止进行深入分析、研究,针对新情况、新问题,做到有的放矢,确保思政教育的有效性。

(二)以人为本原则

以人为本原则是"互联网十"视域下思政课教育教学方法创新的基本原则。我国是人民当家做主的社会主义国家,人民是国家的主人,任何时候都要把主体的人放在第一位,思政课教育教学也不例外。

"互联网十"视域下,网络社会的崛起使得青年一代更加理性、自主、自觉、自信,他们渴望自由和平等,在处理人际关系时容易以自我为中心。这些性格特点决定了思政课教育教学工作者必须改变传统的教育方式,避免以高高在上的严师身份对学生进行训诫,而是要动之以情、晓之以理,既不一味地迎合和迁就,也不一味地批评和教育,在平等和尊重的前提下、在亦师亦友的良

性关系下、在以人为本的原则下以真情打动学生,以科学的思想政治理论指引学生,增强思政课教育教学的趣味性和知识性,增强沟通和交流,充分发挥学生的能动性和主体性。

(三)循序渐进原则

人的认识是一个由浅入深、由表及里、由繁至简、由低级到高级的过程,不可能一蹴而就,而是逐渐积累、深化形成的。简言之,人的认识是循序渐进的。

对于思政课教育教学来说,不可急于求成,而是要遵循循序渐进的原则。在创新思政课教育教学方法时,要首先考虑受教育者的现状、接受时间、接受范围、接受程度,从而避免引起他们的紧张和对立、厌学情绪。这就要求教育者深入观察和分析,及时把握大学生的动态和需求,以学生为中心结合党和国家的路线、方针,有步骤、有计划、逐层深入地进行思政课教育教学方法的创新。

(四)系统性原则

思政课教育教学涉及多个环节和对象,有其复杂的结构程序和运动规律,是一项系统工程,因而必须遵循系统性原则。总的来说,思政课教育教学系统主要包括"四体",即教育主体(教育者)、教育客体(教育对象)、教育介体(方法、设施等)、教育环体(教育环境),这"四体"以思政课教育教学为中心紧密联系,形成一个有机系统。

"互联网＋"视域下思政课教育教学方法的创新要坚持系统性原则,即要求创新者从系统的整体角度出发,既要考虑到新时期教育对象的特点和需求,也要考虑到教育队伍的现状及客观环境的变化,还要考虑到教育任务、内容等的具体实施。此外,还要从个体入手,具体问题具体分析,不能搞"一刀切",要随机应变、有的放矢,有针对性地解决各种问题。

三、"互联网十"视域下思政课教育教学方法创新探索

(一)根本方法:"互联网十"全时空实践教育

2014年1月6日,时任教育部部长袁贵仁强调,要把思政课教育教学融入教育全过程。要求紧紧围绕立德树人的根本任务,结合实际,系统谋划,创新途径,扎实推进,切实把思政课教育教学融入国民教育全过程。提出了五个方面的具体要求:充分发挥课堂教学的主渠道作用,充分发挥社会实践的养成作用,充分发挥校园文化的熏陶作用,充分发挥教师队伍的示范作用,充分发挥校园网络的引导作用。实际上,上述五个要求是希望建立两个思政课教育教学链:一是建立课堂教学纵向学生成长成才思政课教育教学链;二是建立横向课堂教学、社会实践、校园文化、师资队伍、校园网络五方面协同联动式思政课教育教学链。

"互联网十"最大的优势就是以人为本,连接一切。借助"互联网十""连接一切的"功能就可以有效地将高校校园与思政课教育教学有关的各个环节(课堂教学、社会实践、校园文化、教师队伍示范、校园网络)连接到一起,落实到教育教学和管理服务各环节,覆盖所有学校和受教育者,形成"互联网十"全时空思政课教育教学,建立思政课教育教学链,搭建课堂教学、社会实践、校园文化多位一体的育人平台。

(二)具体方法

1."互联网十"思政课建设体系创新

高校肩负着学习、研究、宣传马克思主义,培养中国特色社会主义事业建设者和接班人的重大任务。思想政治理论课是巩固马克思主义在高校意识形态领域的指导地位、坚持社会主义办学方向的重要阵地,是全面贯彻落实党的教育方针、培养中国特色

社会主义事业合格建设者和可靠接班人、落实立德树人根本任务的主干渠道,是进行思政课教育教学,帮助大学生树立正确世界观、人生观、价值观的核心课程。2015 年 7 月,中央宣传部、教育部特制定《普通高校思想政治理论课建设体系创新计划》,重点建设内容包括:高校思想政治理论课的教材体系、教学人才体系、课堂教学体系、第二课堂教学体系、学科支撑体系、综合评价体系、条件保障体系一共七个方面。"互联网＋"条件下,世界范围内各种思想文化交流、交融、交锋更加频繁,如何借助"互联网＋"的"互联网思维""创新驱动""连接一切"发挥正能量,创新高校思想政治理论课的七个体系,增强大学生对重大理论和现实问题的阐释力,在多元中确立主导,引导大学生自觉践行思想政治,给思想政治理论教育教学提出新的挑战。

2015 年 3 月 5 日,李克强在政府工作报告中首次提出制定"互联网＋"行动计划,随后国务院发布推进"互联网＋"行动的指导意见。自此之后,有很多专家和学者开始了"互联网＋"教育的研究,也有一些学者开始关注"互联网＋"思政课,如赵婀娜、郭倩的《"互联网＋"大学思政课》,毛莉的《"互联网＋"如何改变思政课?》,卫晓溪的《"互联网＋"思政课:网络环境下高校思政课教育教学的实施与创新》,李道明的《全力打造"互联网＋"思政课教育教学新形态》,于爱荣等的《基于移动互联网的翻转课堂教学模式研究》。一些大学开始探索"互联网＋"条件下的网络思政课,如清华大学的思政课"慕课"版,北京大学和复旦大学的思政课"慕课",西南大学利用互联网技术实施在线教育,中国人民大学的微信公众号"别笑,我是思修课"等微课堂的开设,以及河北大学的微电影教学法等,这些都日益受到更多学生的喜爱和关注,使得学生学习思政课变得生动有趣起来。

但从已有的研究成果看,现有研究主要集中在两个方面:一是"互联网＋"思政教育教学的必要性和可行性,强调互联网成为意识形态竞争主战场,认为"互联网＋"是开展网络思政课教育教学、提升学生学习兴趣、创新思想政治理论课教学的重要方法和手段;二是对思政慕课、微课堂、微信课堂(公众微信号)、微电影、翻转课堂的探索与实践,强调这些课堂对于思政课教育教学改革的必要性,对这些课堂如何开展进行了有益的探索。国内关于"互联网十"与高校思想政治理论教育教学的融合研究,仅仅处于起步阶段,需要人们开发智慧,积极探索,运用"互联网十"思维更好地发挥"互联网十"的六大独特优势,形成"互联网十"条件下高校思想政治理论教育教学创新育人,从立体化教材体系、教学人才体系、课堂教学体系、第二课堂教学体系、学科支撑体系、综合评价体系、条件保障体系的系统进行研究。

"移动互联网"时代社会思想意识更加多元、多样、多变,当代大学生可以称之为"互联网新生代大学生",近几年还衍生了"大学低头族",学生主体面对网上网下各种思潮和复杂的社会现象思想波动很大,如何运用马克思主义的立场、观点、方法在多样中求得共识,对思想政治理论教育教学提出了新的要求。研究"互联网十"思政课建设体系创新有助于丰富互联网时代立德树人、创新育人、育创新人理论,有助于在深刻全面分析学生思想动态、学习现状、创新能力、发展方向的基础上,积极有效地开展立德树人教育和创新育人教育,提高学生的是非善恶判断能力和行为选择能力,激发学生自发践行思想政治。

2."互联网十"日常思政课教育教学

高等院校开展思政课教育教学,必须结合办学治校实际和专业特色,针对大学生思维活跃、易于接受新鲜事物、擅长使用网络工具的特点,实现思想政治工作与信息技术高度融合,通过大力开展丰富多彩的网络主题教育活动,努力营造网络育人的浓厚氛围,从而达到内化于心、外化于行的良好效果。

主动占领网络思政教育教学新阵地,牢牢把握网络思政课教育教学主动权。要全面加强校园网的建设,使网络成为弘扬主旋律、开展思政课教育教学的重要手段。建立校园网、主题教育网站、网络思政课教育教学队伍、QQ群和微信群、网络舆情监管的有效连接,要利用校园网为大学生学习、生活提供服务,对大学生进行教育和引导,利用官方微博和公众微信号传播正能量,不断拓展思政课教育教学的渠道和空间。开发融思想性、知识性、趣味性、服务性于一体的主题教育(中国梦、爱国主义教育、校园文明、法治教育、创新创业)的网站和网页,积极开展生动活泼的网络思政课教育教学活动,形成网上网下思政课教育教学的合力。加强网络思政课教育教学队伍建设,密切关注网上动态,了解大学生思想状况,加强同大学生的沟通与交流,及时回答和解决大学生的理论问题和现实困惑,开展深入细致的思想政治工作和心理健康教育,结合实际有针对性地帮助大学生处理好学习成才、创新创业、社会交往、健康生活等方面的具体问题,提高思想认识和精神境界;通过 QQ 群、微信群与学生互动,在关心学生、帮助学生的互动中教育学生、引导学生,同时有针对性地对他们进行思政课教育教学和心理咨询辅导,引导大学生健康成长;关注大学生网络动态,并及时回应大学生网络诉求,运用技术、行政和法律手段,加强校园网的管理,严防各种有害信息在网上传播,牢牢把握思政课教育教学主动权。具体关系如图 4-3 所示。

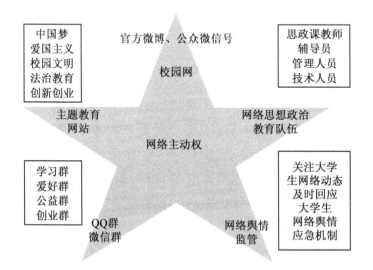

图 4-3 网络阵地联合

因此,"充满变量"的大数据时代、互联网时代,需要思政课教育教学的不断创新,需要工作者深刻把握信息网络时代政治工作的特点和规律,不断追踪学生思想动态,实施大学生新生入学教育、新生适应教育、创新创业教育和成长成才教育,建立师生移动互联,将思政课教育教学更好地与网络技术有机融合,全力打造"互联网十"思政课教育教学新形态,使思政课教育教学"随风潜入夜,润物细无声"。

3."互联网十"社会实践

以实践活动引领青少年亲近社会和自然。组织开展丰富多彩的社会实践活动,是防止青少年沾染和沉迷网络不良信息的有效途径。"互联网十"社会实践的开展需要培养实践主体的互联网思维,还需要拓展虚拟实践。

(1)互联网思维

互联网思维是指在移动互联网、大数据、云计算等科技不断发展的背景下,对市场、对产品、对企业价值链乃至整个商业生态进行重新审视的思考方式。正如小米公司董事长雷军所指出的那样,"互联网其实不是技术,互联网其实是一种观念,互联网是一种方法论"。互联网思维用在教育教学上就形成了"互联网十"教育思维,是以受众为核心即"以学生为中心的思维",教学内容要具有针对性,要"简约",教学设计要"完美",要"丝丝入扣、无懈可击",要及时追踪学生思想动态,要将"创新"体现在教学流程的每一个环节,做到"微创新",网络互动时要考虑学生的"沟通"成本即流量思维,用"最大公约数"的核心价值观主导社会化思维,要不断根据学生数据信息挖掘他们的"关注点"——对他们的未来成长成才需求进行合理预测,搭建课堂教学、网络教学、社会实践"三位一体"的育人模式,最后整合校内校外、网上网下资源,调动一切力量和因素,实现网上网下思政课教育教学联盟(图4-4)。

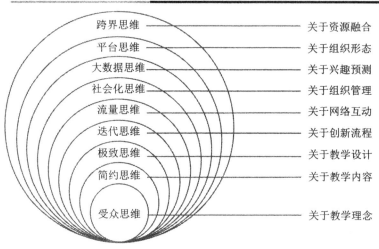

图 4-4 "互联网+"教育思维导图

（2）虚拟实践

伴随着社会和互联网的飞速发展，当代人类实践出现了新的变化，呈现出新的发展特点，现代信息技术的发展催生了新的实践形式，即虚拟实践。"虚拟实践是伴随信息化和网络化发展而产生的，其实质是主体和客体之间通过数字化中介系统在虚拟空间进行的双向对象化的活动，主要活跃于网络世界，具有交互性、开放性、间接性等特征。"思政课教育教学的虚拟实践可以通过"虚拟体验"（参观网上博物馆、网上纪念馆）、"网络调查""虚拟创业"等活动学会"交互式思维"，树立"超前思维""创新思维"，提升虚拟实践能力。

（三）具体方法示例

1. 动漫课堂

动漫课堂是基于互联网与课程学习同步，以动画、动漫这种青年学生喜爱的、容易接受的艺术形式来切入，其内容丰富、形式活泼、短小精悍、寓教于乐,通过精心编排可以将哲学大道理化作小细节,让受众边看边学边理解,将学习兴趣推向顶峰的网络互动学习舞台。动漫课堂具有内容权威、实时更新、动画载体、互动性强等特征,可以有效改变受众的审美疲劳、定力不强,预防青年大学生沉溺网络,提升政治课堂的吸引力。

作为"互联网+"时代的新兴产物,高校思政课教育教学过程中也可以引用这种方式。比如,思政课教师可以通过提高自身动漫动画制作水平,将思政课讲授内容转化为动漫形式,制作一些经典的动画动漫视频短片,在课堂上适时进行播放,增强授课效果。这就要求思政课教师平时注重学习、掌握一些专业网络技术,积极适应"互联网+"时代的需要,努力将网络技术转化为实际教学能力。另外,思政课教师也可以通过利用网络资源,查找各种典型动漫视频。比如,《毛泽东思想和中国特色社会主义理论体系概论》(以下简称《概论》)课教师在讲解中国特色社会主义政治建设过程中,就可以适时将动漫视频引入课堂,这样学生可以非常形象、通俗地了解中国政治制度,通过对中外政治比较、分析、总结,得出中国民主政治制度的优越性,并且可以很好地提高学生的注意力和兴趣,增强大学生对中国政治的学习和关注。

2. 慕课

慕课教学即"大规模在线开放课程",作为当前一种流行的教学模式,它集合了网络远程教育的优点,能多方面、多角度、多元化满足广大学生对不同教育的需求。这种新颖的教学模式融入了最新的教育理念,汇聚了大量优质教育资源,极大地改变了知识传播方式、教育方式与学习方式,最终将会带来高校教育管理体系与管理制度的变革。

"慕课"的实践,为思政课课堂教学流程设计提供了一种改革的可能,今后思政课教育教学改革应当积极吸收慕课教学的优势和特长。一方面,积极组织相关专家学者打造一批经典在线慕课课程。思政课"慕课"课程建设需要集中整体教师资源优势,研发、设计一批经典课程。比如,2014 年由"上海高校课程共享中心"推出的"思想道德修养与法律基础"课程,其课程由来自全国 10 所高校 23 名教师分别承担不同单元板块的网络"共享课",其中每一名教师讲解的内容都是其最擅长的部分,每一部分 MOOC 教学都是短小精致的。这样,学生就可以非常方便的、不受时空限制的自主学习,并且其所掌握和享受的是优质的思政课教育教学资源。另一方面,结合我国高校思政课教育教学课程的实际情况,在课堂教学中吸收慕课教学的先进理念和方法。比如,在课前,教师发布教学视频,学生可以通过电脑、手机等多种终端登录慕课平台进行前置学习,并与其他学习者和老师进行互动交流。其最大的好处就是让学生参与了教学活动,同时让教师有时间与学生交谈,增强了课堂的互动性。一方面,课堂内师生、学生之间可以开展深度的分析探讨、问题解决、团队合作、案例学习等;另一方面,课堂教学环节的起点不再是常规的"导入""讲解新知",而是有关该问题或理论的进一步阐释及运用,这无疑增加了课堂教学的深度、学生思维的广度,提高了课堂教学效益。总之,慕课教学为思政课教育教学创新带来了新的启发,今后如何借鉴和利用慕课教学模式也必将成为思政课教育教学改革的关键。

3. 微作品

微作品是当前"互联网＋"时代的重要产物,主要是指利用计算机、互联网技术和资源,制作、设计的视频短片、电影等。其主要特点是时间较短、制作过程比较简单、成本相对较低,但主题突出、思想深刻。当前,思政课实践教学创新也可以采用这一形式,尝试将思政课教育教学内容与这一形式、载体相结合,不仅有利于课堂教学效果的提高,而且有利于促进大学生对于思政课教育教学内容和思想的真正理解和内化,有利于他们在实践活动中提高自身思想认识和价值认知。

以微电影为例,微电影是连接课堂教学、实践教学、网络教学的重要活动载体,在实践教学中,教师可根据教学内容精心设计微电影主题,组织学生创作、拍摄、制作微电影,再将优秀微电影作为教学案例运用到课堂教学中,还可以将微电影上传到网站、QQ、微博、微信等网络平台进行分享。这样,思政课教师不仅在课堂教学中能够将以学生实践为案例讲授理论知识,增强课堂效果;更重要的是,通过微电影这一实践活动的开展,教师可以引导大学生自觉将个人需要与社会需要、个人价值与社会价值、个人幸福与他人幸福有机统一起来,促使他们自觉地担当责任,肩负使命;通过微电影实践活动的开展,使大学生通过影片理性地思考现实问题,通过实践过程发现自身优势与不足,进而合理地选择人生方向;并且激发大学生的道德情感,增强他们对中国特色社会主义理论体系的认同感,提高他们认识问题、分析问题和解决问题的能力,为实现中国梦做出更大的贡献。以《概论》课为例,为切实启发广大学生对生态环境问题的关注和重视,概论课教师在实践教学过程中,可以组织学生围绕生态文明建设这一主题,自由选取他们熟悉、感兴趣又易于操作的情节,实际拍摄、制作相关视频、短片,对于一些优秀的作品教师可以引导其上传到校园网或微博、微信等,扩大宣传力度,引发共鸣。

4. 微实践

大学生微实践主要是指大学生开展的形式简单、历时较短、主题鲜明的实践活动,和以往实践活动不同的是,微实践在活动开展前、过程中或是结束后,实践主体可以依托网站、微信、微博等网络资源及时传播相关活动内容和信息,扩大实践活动的影响力,进一步宣传活动开展的主题思想和意义。

思政课教育教学实践也可以采取微实践的形式。如在《思想道德修养和法律基础》这一课程中,引导大学生积极树立和践行社会主义核心价值观是其主要教学内容和任务,对此,思政课教师可以紧紧围绕这一主题,组织学生开展"三下乡"、社会调查、政策法制宣传、社区服务、爱老敬老等各种形式的实践活动。又如,在抗日战争胜利周年纪念活动中,教师可以组织学生开展主题演讲、知识竞赛、关爱抗战老兵等各种实践活动。并且,在各种微实践活动开展过程中,思政课教师要注重对学生的引导、组织和管理,并引导学生注重利用网络查找资料、交流互动、答疑解惑、做好活动宣传等。例如,河北农业大学开展的"河北农大式排队乘车""光盘行动""接力果树""培育和建设社会主义核心价值观"等主题实践活动就取得了良好效果,大大培养和锻炼了学生的实践能力,提升了其思想认知和道德情操。同时,教师在组织开展各种实践活动中,还要注重将各种先进事迹、优秀案例在学校网站、论坛、公众号微信等广泛传播,在全校、全社会积极营造良好氛围。

5. 微创新

这里的微创新是指教师引导学生创新从小事做起,从课堂学习做起,从课堂活动做起,从校园创新做起。以《思想道德修养与法律基础》课为例,根据教材教学内容和通过微信、QQ群了解到的学生兴趣点设计一些主题,要求每个小组按照自己感兴趣的主题设计小组实践内容,如学霸、创客、修养、诚信、法治、民法、家乡美、青葱岁月、环境保护、食品安全、和谐中国、超级演说家、青年中国说、我爱学经典等。接下来按照宿舍将每个自然班学生分成不同的合作小组,小组中设组长、资料搜集员、小记者、数据统计、技术员(PPT制作、视频剪辑、图片处理等)、演说家。要求学生为自己团队结合所选主题取一个响亮的名字,引导学生结合自己专业情况选题。如食品专业学生尽量选择围绕食品安全相关的价值观念、道德要求和法律知识,信息学院学生可以选择网络文明、微信文明有关的价值观念、道德要求和法律知识,做到与专业学习、社会实践相结合。活动过程包括取名、分工、搜集资料、分析问题、解决方案、撰写报告、制作PPT、演讲、演说、演唱、表演、汇报展示等。

理论课堂小组活动:主要是围绕绪论、八章教学内容、结束语进行宿舍讨论、课上演讲、知识竞答(借鉴了电视台节目"一站到底")、角色互换(今天我来做老师)等。

实践课堂小组活动:需要围绕选定主题形成创造性成果,成果形式既要有调研报告还要做成 PPT 汇报。

网络课堂小组活动:微电影、微视频、微报道、微宣传、微动漫、微动画中的任一形式即可。

汇报要求如下。

汇报内容:包括取名、分工、搜集资料、分析问题、解决方案、创新点、成果展示等。

评分:学生评委和教师评委共同评分,评委不评自己所在团队分,总分计入社会实践分(占总课程的 20％)。

优秀标准:内容丰富、形式新颖、资料丰富、技术先进、观点鲜明,较强地表现了创新意识和团队精神。

特别注意:由任课教师任选团队成员进行汇报和答辩,有可能汇报人和答辩人不是同一人。

这样的微创新活动经过几年的实践日趋成熟,同学们参与热情越来越高,在接受思政教育的同时也提高了学习能力、合作能力、实践能力和创新能力。

第五章 "互联网十"视域下思政课教室空间的设计与应用

随着社会经济下互联网的快速发展和广泛使用,互联网与我国的很多传统的行业相结合,创新发展出新的产物。"互联网十"已经成为这个新时代的名词了。在"互联网十"的影响下,高等教育的教学实践发生深刻变革,进而产生"互联网十"时代的教学新形态。新形态的教学将互联网思维特征融入教学中,教学活动视为各个教学要素产生实质关系的过程,这一过程促进了教学理念、教学结构、教学方式方法的变化,也推动了教学空间形态的发展。

第一节 教室空间的内涵及构成要素

"互联网十"的教育方式是一种由传统封闭的教育模式逐渐走向开放自由的教育模式。目的是使人人都能够创造知识,人人都能够学到知识,获得知识。在经济开放的时代,全球化的知识库逐渐向全世界的人们展开,这些知识教育不断进行优化补充,通过互联网联系在一起,适用于世界各地的人们随时随地的学习。当人们知识的获取幅度提高、成本降低,也就是给人们终身学习奠定基础,这样人们才能长久地想要通过互联网学习认识知识。

一、教室空间的内涵

教室空间是作为一种无形的力量来对学生的成长和发展产

生一定的影响。它的存在是为了对教育文化的诠释以及教师对教育的理解,一定空间的存在会对一种教育的产生具有载体的作用。学生的成长发展需要的是一种空间上的教育,教育制度的改革不代表教室空间的变革,现实生活中学校教育中常常会忽视教室空间对学生成长的作用。

(一)教室

一般来说,大家对于教室的理解是可以提供给学生上课学习的具有一定空间作用的房间,这是对于教室的功能属性来说。对于教室的物理属性来说就是校园中的主要建筑,拥有好的光线,能够给学生提供学习的最好的环境,能够使学生们安心,易于与人交流的空间。

(二)教室空间

空间不仅仅是客观存在,人的肉眼能看到的、能够触摸到的实体,也有存在于人眼看不到的虚拟的空间。虚拟的空间是由客观存在的空间所产生与存在的,虚拟空间存在的前提是客观空间的存在。二者之间是相辅相成的。

教室空间不只是一种空间上存在的客观实体,更是人们精神上的具有"生命意义的空间",既可以是人们成长和学习的空间地方,也可以视为超过真实存在的、不属于物理上和地理上的空间。各类空间结构架构的不同反映出师生之间关系的不同、课程学习的方式不同以及课程资源教育理念的不同。因此,教室空间既是一种物理空间又是一种社会空间。教室首先是客观存在的物理空间,在此空间内存在着教的活动和学的活动。

(三)教室与教室空间

教室与教室空间之间有相似之处,但是本质上又完全不同。就相似之处来说,教室与教室空间都是教育学习活动的场所。不同的地方在于,教室空间是否会存在一个真实的教室。这种思维方式下的教室就不光是指空间中存在的实体,也可以是平面化、静态化的互相之间的转变。

教室,是学校在进行教育活动时所固定使用的物理场所。教室空间是在特定的物质基础上以及在空间中存在的固定的教室各种共同关系的总和。教室的概念主要定位还是在空间中存在的物理场所,如果将教室放在空间理论中,那空间中存在的教室就相当于教室空间中的物理部分。但是教室空间不只是实体中存在的物质空间,还包括社会中的教室空间。

二、教室空间的更迭

从入学开始,学生在学校的学习时间,大部分都是在教室中度过的。从小学到大学,十几年的读书生涯都是与教室有很大的关联的。不管是人际关系上的交往,还是师生之间的交流,教室里所发生的一切事情都会深刻地印在每位学生的脑海中。人们在教室中学会做人的道理,学会尊师重道,学会很多的知识,增长了见识,教室在人们的生活中占据了很长的一段时光,对人的一生具有很大的影响作用,我们不能忽视教室空间所存在的一切。

既然教室空间对于我们的生活如此重要,教室空间对人们的影响起着潜移默化的作用,那么学校的教室空间是否可以通过变革来促进教学教育的改变,来达到我们心中所想的状态呢?

其实在历史上国内外已经发生过几次重大的教室空间变革。

在历史发展的长河里,教育空间的发展经历了三次的变革。早在远古时期,人类社会时期的启蒙,氏族的长者领导一代人沿袭和使用生活中的习俗经验,当时还没出现专门的教育机构,主要是从社会和生活中所汲取的经验教训,更没有专职的教育人员教导,教育是以大自然为教学的空间。

第二次的教育发展是由原始的自由教学方式逐渐演变成为由一定的组织者所组织的具有一定形态的教室空间。在原始自由空间上加以限制,构成一个圈定的范围,并在此限定的空间中完成一系列的教育与教学的任务。教室空间的第三次演变就是在当前时期下所发展的由立体的逐渐走向"虚拟空间"的形成。

其中,在第二次大变革中,又存在具体的变化。

夸美纽斯曾论断:"一个先生可以同时教几百个学生,而所受的辛苦则比现在教一个学生少十倍。"对于教学制度所产生的改变是由个别教学变为承载班级制规模教学的载体。随着其他教学制度的不断出台,追随者在不断创新,教学形式也随之发生了转变,以"教师为中心"和以"课本为中心"的思想观念一直在两百多年的教育思想的发展上面影响着教室内的教学活动与教室布置。

但是也有学者在研究关于教室空间发展方面的基础上,针对不同的教室空间提出不同的看法。教室空间在一定的发展过程中,会出现不同的形态,使教室空间的内部设计呈现不一样的内容,教师教授知识的地方,学生学习手艺、厨艺的地方都可以称作教室。在这里的教室空间上包含着思想进步主义教育的内容。

一种空间形态的存在会影响教育本身的进程与实践的方式,甚至会影响和改变一种根深蒂固的教育观念。教育空间的改变带给人们的不只是教育方式的改变,更重要的是对人们整个教育系统产生的影响。我们在教室空间的转变过程中可以看到人类在发展过程中进步,也可通过这种教室空间的转变看出学生们在学习过程中的地位。

三、教室空间的构成要素

从很多的文献中,都可以发现"教学空间"并非是"教室教学空间"。教室教学空间是作为一种特殊的社会环境,其本身具有的是要素构成和环境特征。要提供有效的教室教学空间,首先要确定教室空间中是否有影响学习的要素;其次调查这些因素是否会对学习者产生一定的积极影响或者消极影响;最后,改变教室空间环境中各种可以影响学生的因素,促进学生学习的成效。教室教学空间可以影响教学活动的开展、质量,并存于教室教学过程中的各种因素的总和。

教室空间站在物理层面看,教室空间的内部设计与外部构造是由很多的因素组成的,根据这些不同的因素可以将教室空间进行划分,一部分为教学设施,教室中的黑板、课桌、各种仪器设备、书本资料等都是内在的因素。物理外部因素包括从外界传来的光线、空气、气味、颜色等,在外部构造上面,教室空间的大小、排布等,但是,教室的物理特征是由教师与学生共同存在,才能够体现出教室空间的完整性。

首先,教师与学生相处的环境是一个微型的社会,教师与学生之间的交流、学生与学生之间的交流,都是这个微型社会必不可少的。其次,在教室空间中增加学生方面的主观能动性主体后,教室空间才得以完整与丰富,教室空间充分体现了人与人之间的交流作用。再次,教室空间不会只重视学生个人的私密发展,重视的是所有学生团体活动的发展空间。但当学生感觉心里有压力,学习烦躁和心生疲劳的时候,就需要自我进行调节和放松,按照自我的意愿支配环境的发展,这种情况下教室空间就需要成为私人空间。最后,教室空间充满了寻求认可的空间,学生需要通过表达别人对自我的认可和得到别人的认可,这种情况是展示教室空间。

在社会学研究中,对教室空间的研究多从批判视觉角度的出发,社会因素下的教室空间是致力于对教室空间中隐藏的规则和不平等。作为学校空间的一部分,这种见解并未得到学校空间的重视。社会学对教室空间的研究多见于学校空间和教学空间问题的研究中,揭示教室空间在社会学中所反映的信息。

第二节 现代教室空间的发展变革

现代教室结构的形成经历了一个漫长的过程。受社会发展的变化的影响,每个时期的教室结构都发生了改变。19世纪实行的先进的无组织的教室,20世纪进步的教室结构则是为了适应儿童的个性化需求。从历史变迁的发展来看,教室空间的变迁可以体现出当时社会环境、教育理念、经济条件、技术装备等因素的影响,这些因素也影响未来课堂空间的变化。社会形势下的教室空间的变化都与当下的时局存在一定的关系,不同领域的研究者不断寻求适应社会发展的教室空间,共同为教室空间创造一个充满希望的未来。

一、变革教室空间

(一)教室空间需要一个教育理想

一种新的教育思想的产生,要转化成为切实的教育实践,就必须转化为学校的设施与结构、管理原则与组织结构、计划课程以及教学理念等一切教学改变的行为。理论必须在实际社会中能够实践,包含教学课程及其他一切的学校教育的实践行为。教室空间是一个教育理论通向实践的介质,理想教育的实现不应缺少教室空间变革。

1. 当下已有的教室空间形态描述

教室空间的转变从古至今,从中国教室空间的转变到国外教室空间状态的不同,教室空间不断进行改革。教室空间是经历了一种怎样的变革呢?

教室空间一方面是作为学生学习知识的场所,教室中摆放桌椅,为的是给学生传授知识;另一方面,教室可以作为学生自由活动、教师辅导学生学习的地方。各式各样的教室空间究竟哪种才是人们所需求的,教室空间哪一种才是好的,教室空间如何不好的原因是什么,这都是人们对教室空间所提出的问题。

虽然社会环境已经发生了巨大的变化,但是现有的教室基本上还是按照 19 世纪末的架构建造、安排和配置。不同的人存在不同的想法,只有从不同的教室空间中寻找,不停地总结、吸取经验,才能够对这种空间变化产生深刻的了解。如何才能改变,如何适应学生教师的发展进步,教室空间该如何转变,这是一个值得人们思考的问题。

教室空间的布置是否符合人们心中所想,那就是人们对教育方式的理解。人们所理解的教育,就是人们对教室空间的布置方式,通过查看教室空间的形式,就能够知道人们的教育。因为一种教育就有一种教室空间,一种教室空间承载着一种教育。所以,想要知道自我心中的理想教室空间的形态,就要将自我心中的教育想清楚。

2. 人们理想状态下的教室空间

人们对理想的追求从未停止过,对理想的探索与尝试也没有中断过。新的教育知识的出现,避免不了人们对新的教室空间的需求,理论与实践互动中逐渐形成的探索新时期的教育改革,强调的是教育中的生命体,教室空间也在人们的思想方式下,具有自身的生命性,理想的教室空间所具备的生命性能够满足人们的需求,人们对思想教育的追求就是在不断改变理想状态下的教室空间的状态。生命本身是具有变化性的,所以理想化也是随着人们的想象而发生变化的。

以"新生命"为基础的教室空间的转变,就是在理论教育和实践指导方面,对这种存在生命体的教育形式产生了认同与关注。再以生命为视角方面观察和理解,探索课堂生命活力的产生原因,人们追求的不仅仅是对教育浅层次的理解,更加关注的是教育教室空间,教室空间改革下的教师们的语言方式、思维方式以及行为习惯等。人们从教育空间发展上面汲取灵感,作为自己能够发展、思考的基础。已经有很多的学校和教室采用这种方式对教育教学空间改革进行追求,希望变革后的教育教室空间能够真正地体现学生的存在和学生成长的需要与追求。

(二)以学生的成长需要为出发点——总体设计要求

教师空间的变革是以学生在成长的过程中,站在学生的角度考虑"新教育"的内在要求,是以学生的立场来分析"新教育"的核心价值观。

当我们在理解学生的成长需要的时候需要注意三点。

第一,不要将"学生需要"当作"学生成长需要"。学生们都处于一个具有自我享乐和以自我为主的本能,这种本能或者是由于当前社会多元化环境的不良价值观所影响。在成长的过程中,学生不能独立地选择发展的方向,所以,在学生的成长过程中人们常常将"学生的需要"与"学生的成长需要"混为一体,没有正确地引导学生,学生的喜好与成长需要之间是有很大的区分的,学校应当在这个基础上对学生的发展进行指导。

第二,教师通过学生的成长状态,特别是从学生的问题状态发现学生的"成长需要",并且能够从这个切入点进行指导,使学生进步。从"学生需要"中很难发现"学生的成长需要",但是学生在成长的过程中出现的问题,都是学生成长需要的表现。学生在集体交往过程中,很容易出现部分学生交往空间的缩小,局限在一个小的圈子里,同时排斥其他同学试图进行交往。这些问题的出现,都说明了学生在成长的过程中所出现的问题,这些问题出现的方式包含着多种的可能性,或者是进步,或者是退步。

作为教育者就要在这些问题出现的方式中找出原因,并引发学生的进步。当发现学生在成长交往中出现这种问题后,这些学生未来会走向哪里,关乎的是学生的成长空间,教师应当正确地引导学生在交往过程中发现问题的所在,找出矛盾的起因,从而在集体的氛围下建立良好的交流关系。学生在教师的帮助下,认识自我,改正问题,重新建立丰富的人际关系。

第三,在成长的过程中需要落实的不仅是表现在问题的发现、解决上,更重要的是根据学生的成长状况,组织适合学生成长的实践活动。这一活动的组织能够在学生情感与思考上得到认识,同时,学生在自我的定位方面将有一个新的位置。这样,学生会在实践活动中获得情感上的滋养与价值观的指引。

以学生的健康成长发展为目的地建立教室空间,往往在其过程中应当注意做好对学生成长方向的正确理解,避免出现很多错误的观点与观念。为了促进学生的成长,应当注意各个阶段的问题状态,在教室空间的设计上面,不只是要注意建筑设计理念,更要参照教育理论观念,从各个方面考虑不同阶段、不同年级的学生的心理特征。应当认识到适宜学生成长状态的实践活动也能够促进学生的成长,这种成长的方式能够使学生成为自己教室设计的主人。

教室空间在规划设计时应注意几个物理要素,如教室颜色、教室形状大小、教室温度湿度、教室采光等。这几个要素从不同的侧面对学生学习产生影响。

二、现代知识型与现代教室空间

现代知识主要是以科学为核心,知识的存在是以一种客观、保持中立的方式存在的,知识的获得主要是不断进行实践、验证所得出的方式,现代知识主要是以学科来划分的,以印刷书籍为载体。这种知识的存在能够以为工业社会提供解释模式,并以标准化的形式推广。现代教室的物理特征就是呈现出一种标准化的特点形式,这种形式是以阶级划分,形成了一种班级制、工厂式划分、年级的划分、教室科学化等阶段。由于现代知识具有的强制性,使得教室空间的发展也会呈现出一种明显的强制性的特点,使得教室空间变得不再具有亲民性,教师与学生之间关系僵硬、疏离。

三、20世纪初教育对教室的改革

19世纪的教室是与当时社会发展环境相适应的。教室空间的设计是根据当前社会的意愿来塑造学校,所以19世纪的教室,是一个有纪律、有制度、服从安排的地方,一个有着清楚的目标的地方。20世纪初,原本一些19世纪的教室空间设计受到了人们的质疑,许多领域开始对教室空间的设计产生了一定的改观,传统的教学模式与教学理念都受到挑战。传统的教学理念需要的是足够听从教师意见与教师所传授的所有东西,而革新后的教育理念是让学生脱离教师的思想束缚,有自己的想法,成为一个独立自主、有自我意识的学生。

显然这样的教学方式与19世纪强制性的教学理念相悖,学生们的想象力、创造力、情感和独立行动的能力还不能够完全地展示出来,不能够成为教育活动的核心。进入20世纪,仍然将19世纪的教室空间作为为主要的构架,但是为了适合当时的新时代特点,欧洲教育界就开始了进行教育体制的改革,不断尝试开发多元化的教学方式,对学校教室空间进行改善与变革。变革后新理念的教学方式是要学生产生自我的学习意识,教师在课堂上应当多多关注学生的思考方式,与改进自己的教学方式,培养学生的学习主动性。对于教室空间的变革,教育理念与建筑理念相结合,从以下几个方面进行变革与尝试。

首先,应当摆脱掉19世纪传统的教学形式,建筑师与教育工作者在对教室空间形式进行设计时,应当考虑适合学生学习进步的空间结构,学校的大楼不只要适合教师,更要适合学生,同时符合新的教学理念。这需要改变过去由一系列沿着无尽的走廊、特点相同的房间相互单调串联的结构。

其次,从学生成长的健康方面考虑,新形式的教室的设计应当符合对学生健康方面的考虑,当时对于传统的学校也已经出现了露天的概念元素，能够确保教室有足够的通风，教室光线的强度和空气质量的保证都是必需的要素。教室不再像是一个忽视个体需要的兵营式的结构，教室空间结构的设计能够使学生在一个舒适的环境中学习。

再次，教室的室内环境同样也按照以学习者为中心的教学范式设计。为了适应各种形式的教学模式，将教室空间设计的足够大，可以容纳很多的人与物，还可以划分不同的教学模式。将教室中的摆件设置成可以移动，这样就更易于调整布置。这种灵活式的教学教室空间，更有益于学生的创作发挥。所有这些措施都清新简单，以一个简单而明确的方式，将教育理念转化成建筑的形式。

在位于加利福尼亚的克洛那大道学校的建筑模式，是体现出"好的建筑就是好的教育的基础"，这种教育与建筑的结合能够充分体现出设计者的思想，自然与人物、人物与风景的结合的特点，特别是对于将室内与室外能够结合利用起来的方式。

克洛那大道学校运用的是新颖的设计方式，教室空间与休闲室相互之间的水平排列，并与人行通道连接起来，这种独具创意的空间设计体现了设计师对设计的情感。设计者这种对现代材料的运用，使得更加富于感情。现代材料中的钢铁与厚玻璃板的使用，钢铁的结实耐用，玻璃的真实与透明，加之将教室设计成一个可以通透的环境，允许光照和空气的进入与流通，所以在教室的任何一个位置，都可以使教师很好地与学生进行交流，这些特点都标志着教育形式的革新。无论是大的窗户，还是可以遮挡太阳的遮光幕布，或者打开让室内获得日光，都能够最大限度地展现出来。

全新的教室空间的设计，目的是对学生的学习有所帮助，在环境良好、教室设备完善的条件下，学生能够用积极的心态来面对学习。新的空间设计模式将打破传统的封闭式形态，在选择教室中所布置的座椅、桌子，以及教师所要办公的地方，都将进行变动。这种形式下，对于教师在讲解不同的课程时都可以针对课程进行转变。将椅子作半圆形排列,面对着黑板,就表示要召开会议,或者展开讨论或开始辩论;将高凳子放置在西窗边就表示要展示、构建和实验;桌子和椅子被安排在教室的中心表示个体单独工作和安静的学习;而椅子的桌子两两相对则象征着合作。

通过可以移动的玻璃门,教室可以与外界之间进行联系。这种模式的建筑风格,更加的人性化,突出了将工业化的情况转变成为具有人情味的地方。忽略掉之前设置的门与墙壁的设置,这种操作都体现了人与自然的交流,或许在很多年之后的教室建筑风格上面这种类似的案例将会更多地被采用。学校会越来越重视学生充分与外界进行交流,也可以在外界中进行活动娱乐。当椅子跨越内外的门槛,按民主的圆形排列时,就表明在自然和文化之间有一种流动,而学生的工作就是自然的一部分。

四、传承与发展:未来的展望

在未来空间的结构转变中,对于教室的空间设计将会产生一定的影响。教室的变迁过程也是在传统的教室空间的基础上进行的转变,这些因素同样会影响未来的发展。

首先,对于学校和课堂上的教学方式在于空间上的设计。在19世纪中期,英国的学校存在着一些严重的问题。人口的快速增长,城区人口的不断增加,导致学校中出现了拥堵的现象,所以势必会影响教师的教学,应当对学校结构的变化进行改进。

1870年,英国的学校董事派出建筑师去欧洲和美国旅游,参照其他国家的学校建筑风格,以及教学模式的转变,对英国的教学方式与学校的建筑模式进行了整改。这趟教育之旅影响重大,在19世纪末期,英国的教育方式进行了大量的改革,不仅是对于建筑的设计,更加重要的是对教育方式的转变,很多的设计师都意识到了这一点。可以这么说,教育的模式与教室空间的建设之间存在着很大的关系,这种关系对教室的设计起到了重要作用。在进入21世纪的第二个十年时,这种理念的存在仍然对今天的教室空间的变革具有很大的意义,教学理念和方法的盛衰消长同样应该体现在教室空间架构的变化中。

其次,教室空间结构的变革与当下社会的时代精神之间出现了问题,新的教室空间的变革目的是解决掉这些出现的问题。符合当下社会环境的变化所设计的教室空间会随着社会发展环境的变化对教育事业方面的理念进行变革。

当前社会条件下的时代精神已经从过去传统思想文化禁锢中解脱出来,文化之间的变化存在着不一致性。文化是不断进步发展的,不再要求学生按照老师所教授的方法进行学习,而是要学生养成自主学习的习惯,成为可以掌控自我学习的能力者,随时随地都可以进行自主的学习。

现有的教室结构已经多年没有变化,今天的教室形式在完成现代社会的任务方面显得力不从心。从某种程度上来看,这种新的理论与实践之间产生的鸿沟,在随着社会发展不断拉大差距。21世纪的教室空间的设计应当与所处时代精神相互协调,不能够重复历史的问题。

再次,自从现代教室结构形成以来,学校和教室之间存在着一定的共性,而不是一个可以单一思考的问题。需要有不同领域的专家和专业的人员,能够突破教室在设计过程中出现的狭隘。由很多的设计者在通过不断的商量、考虑,从中选取最有效的方法实施,这种风格是教育与建筑的结合。学校在建筑开发时期,应当从学生的角度出发,为能够给学生建立一个环境适合的教学基地,使教育能够在建筑风格中表现出来。在设计之前,设计师们通过观察教师与学生之间的相处形式,最后确认工作模式,并以此为中心开发了多种多样精心安排的教室空间。

最后,任何的建筑在设计的过程中都需要考虑建筑过程中的经费问题,需要有足够的物质基础来使设计得以进行。教学环境的好坏,教育人员的需求,各种材料、各种设备所需都是需要花费大量的资金的,所以很多学校在建立的过程中都会考虑这些影响因素,来判断是否能够妥善的进行。新的教育方式势必会是以后教学过程中的重要考量标准,传统的、旧的模式、思想都是会被淘汰的。所以从很多的方面考虑,为了能够使学生在新的教育方式下获得更好的知识,势必会要改善教学环境,而以进步主义教育对于教室结构的影响而言,当时的改革面临的金融支持是有限的,大部分学校并没有把建筑转化为进步主义教育需要的样式,一些样板学校只具有象征意义。

但是很多时候,人们对于经费的考量要高于教育的理念。各个时期都出现过这种矛盾的考量,在 21 世纪这种利弊之间的权衡更加的明显,教育方式的改变的前提是经济能够支撑下去,经济能否维持住它的利益。

最后,新的技术和新的教学设备也在影响着教室的结构。在不同的时期都会出现影响教育因素的新的设备,从黑板的发明到普及,20 世纪初的视听媒体的应用,这些新的教学设备的不断发明与出现,对学生在课堂上的学习都会产生影响,也一定程度上使传统的教学模式得以定型。而各种电子媒体、媒介的出现,也是在教学的过程中,帮助老师与学生教学方式不断革新。

特别是近年来信息技术的快速发展,科技的不断发展对于教学环境的改革也有很大的影响,技术和设备的不断发展同时也促进了教室结构的变革。例如,技术的发展使得传统的教室功能会发生一些变化,许多功能会随着消解、融合、变化、更迭、增加和新生。

为了适应社会不断发展下信息化的变化,各种新的设备、新的理念都可能会使学生的学习方式发生变化。教室空间上的调整,不管是增加还是缩小,还是新设备出现所发生的调整,这些新技术的出现都会使教室空间结构发生变化。教室使用了超大屏幕显示器使得教室空间的划分发生了变化。现实空间与虚拟空间的结合,虚拟空间所展示的方式更为宽广,当然,除了信息技术之外,建筑、环保等方面的成就也会影响教室结构的发展。

五、现代教室未来发展状况

随着经济的快速发展,未来在教育方面所受到的影响都会是人们关注的焦点。不论是今天的教室空间承袭的是以前传统的模式,还是传统的教学理念会影响现在空间的变化,都是要通过不断的实践才能得出结论。当前教育上面出现的问题,希望能够在未来的教育方式中得到不同的见解,更好地改善出现的问题,教室与社会环境的互动,将影响未来教室结构变革的方向。

一方面,从历史发展的角度来看,教室空间的存在从来就不是被动的架构,而是随着社会的发展,不断进行改善、完善,从很多的因素上考虑教室空间的变革。从最开始的严格教学方式,逐渐步入自主学习的方式。在进步中的教学模式,更加适用于受教育者个人,在当前的教室空间模式上如何在现有的教室中再次融合,产生与社会环境相吻合的学习环境,将是需要考虑的重要问题。

另一方面,作为现有课堂的继承者,现有的课堂在很大的程度上会影响未来课程的结构变化。不论是结构上的变化,还是历史在发展中遗留的大问题,都是需要改进的。社会文化的积累,未来教室空间的转变,微量的角度的影响,阶段性的改变,无论是从很多角度上整合,还是进行大规模的"革命",都是未来课堂变化被影响的关键。

从发展的角度可以看出,曾经的教室空间与现今的教室空间环境之间存在着很大的差异。现有课堂上实行的是19世纪的教室架构,20世纪的教学内容,任何有效的改革正是要消弭这种不一致。教育、媒体技术、建筑设计等不同领域的研究者需要一起努力,共同为教室创造一个充满希望的未来。

自20世纪90年代中后期我国开始大力推进教育信息化以来,许多地区的高校已从早期主要关注教育信息化的软、硬件设施建设和教学资源开发的数字化教育建设阶段,转入以智慧教室和智慧校园建设为标志的智慧教育阶段。这两个阶段的最大区别在于学习环境有了根本性改变——由数字化学习环境变成智慧学习环境。

智慧学习环境具有记录学习过程、识别学习情景、连接学习社群和感知物理环境等四大特征。而这四大特征对于实现教与学过程中的智能决策、学习资源的智能推送、教与学效果的智能评价以及个别化教学都是至关重要的、不可替代的。

智慧学习环境（或智慧教室）之所以具有上述四大特征，是因为有教育数据挖掘（Educational Data Mining,EDM）和学习分析（Learning Analytics,LA）技术的支持。

在智慧教室中，利用 EDM 和 LA 技术，可以帮助教师有效地开展包括智能决策和智能实施的智能化教学。

智慧教室还可以帮助教师对学生做出客观、全面、真实的评价（智能评价），凭借数据挖掘所获得的完整信息，再通过严密的逻辑推理，就可以实现这种智能评价（客观、全面、真实地展现出一个学生的学习行为与学习效果），从而使教师能把每个学生置于真实的场景中来进行审视与评估，在此基础上对学生的学习过程进行有效的干预。

所谓智慧教育正是以上述智慧教室中有效地开展包括智能决策、智能实施和智能评价的全新教与学方式为标志的。

关于智慧教育的起源，从国际上看，是 IBM 公司在倡导智慧地球概念的基础上，将其应用于教育，从而率先提出智慧教育概念，并认为未来的智慧教育应当具有五个方面的内涵：教学活动要以学生为中心进行设计；要对教学资源集中管理、实时监测、科学分配，并进行实时统计与分析；要对教学过程和管理过程实现智能化的决策与管理；要实现没有时空限制的在线互动教学；要让优质资源随时随地均可方便地共享。

至于应当如何来具体实施智慧教育，这里的关键，是要运用云计算、大数据、物联网等新一代信息技术，来实现整个教育信息系统的重构——通过云计算对传统教育信息系统与校园网络系统进行整合、优化，建筑起教育云服务平台，从而在较大范围内聚合教育资源，形成大规模非结构化教育数据（教育大数据），并最终实现整个教育信息系统的重构，以支持教与学过程的智能决策、智能实施与智能评价。

这就表明,随着云计算等新一代信息技术的发展和整个教育信息系统重构的完成,以支持教与学过程的智能决策、智能实施与智能评价为标志的智慧教育,很快将会成为现实。

有了智慧学习环境,以及在此基础上实现的以支持教与学过程的智能决策、智能实施与智能评价为标志的智慧教育,为我们实现教育信息化的宏伟目标创造了非常有利的条件,但还不等于说这就一定能达到教育信息化的宏伟目标。

关于教育信息化的目标,不同的国家有不同的表述。美国通过教育信息化想要达到的目标是显著提高教育生产力;而我国则是要破解制约我国教育发展的难题,促进教育的变革与创新;要对教育发展具有革命性影响。

由于教育生产力的提高,直接体现在大批优质人才的培养上;要促进教育的变革与创新,并对教育发展具有革命性影响则是要通过各学科教学质量的提升使学生的综合素质得到良好发展,从而为国家输送大批优质创新人才。所以,不管是要显著提高教育生产力,还是要促进教育的变革与创新,其最终目标都是要落实到"各学科教学质量与学生综合素质的显著提升上"(也就是大批创新人才的培养上)。事实上,这正是世界各国大力推进教育信息化所要达到的宏伟目标。

第三节 "互联网＋"视域下思政课教室空间的创设

传统教室空间是一个缺乏物质创新的教室空间,传统的教室空间只是重视对学生传授知识,而忽视学生整体发展的一个教室空间,必然会导致学生缺乏自我学习的意识。传统的空间教育在教导学生方法上面对学生产生的是一种强制性的作用,学生在一种被动的条件下接受知识,这种局面主动权是在教师的手中,只有教室的黑板是属于学生交流的阵地。在教室设计上缺乏学生的立场,将学生视为被动的个体,缺乏生命自觉地认识。

一、传统教室

传统的教室空间是指在教师为主要传授者的情况下,对学生进行知识的传播,其主观指导者是教师,通过课本上的知识来引发学生学习的积极性,更是通过对课本知识的不断讲解和演练,使学生能够掌握相关知识,来加深印象,注重的是学科知识的获得。

以教师为主要中心,在课堂上面对学生进行传授知识,同时对学生进行提问,并让学生在课堂之后对课堂上所学的知识进行练习。这种方式主要是由教师讲述,学生听讲并辅以练习加强学科知识记忆。传统教学突出的是在教室中进行教学活动,教师是主要传播者,学生扮演的是主要接受者的角色,在学习过程中系统地安排整理课程内容,安排课程的进度,多数的时间是以学生的听讲为主,教学时间较短,每个教学单元是 1.5～2 个小时,最后通过练习、考试考评授课成果,来判断学生的学习能力。

二、传统教学环境的意义和特征

传统教室所运用的教学方式是教师在课堂上对课本上的知识进行讲解,学生通过听讲,在课堂之后加以练习的方式,来弄明白课本上的知识,并融会贯通,教师可以根据课本上的内容来制定学生学习的进度。其主要特征有以下几点。

(一)教师的身体语言对学习者至关重要

教师不管是在教会学生知识的情况下,还是在与学生进行交流的情况下,所表现出来的语言、声音等,都是可以反映出教师的一种态度,是否对学生教学过程中产生好感,是否在影响学生的情绪、心理变化,这些对学习者来说都是重要的。

（二）师生间存在互为动态、无形的交互作用

教师在教学的过程中,教师的语言行为、情绪的变化、心理状态改变,这些都会反映在学生的教学课堂上,教室气氛的变化。而学习者的反应,在课堂上学习态度是否集中,在课堂上的回答问题的态度,同步影响着老师在教学过程中的教学行为。

（三）学生之间相互影响

课堂上学生之间的相互竞争的氛围,可以激发学习者的情绪或者产生抑制学习者的情绪,这种表现都会对学习者产生影响。

（四）学习者的注意力必须高度集中

在传统的教学过程中,信息传输的过程是一个不可重复的过程,学习者在课堂中的学习过程中,必须认真地听讲,努力地记住教师在课堂中所讲述的重点,因为教师在教学的过程中,所有说过的话、写的字都是不能够重复、不能够重新来过,所以,努力记住教师在课堂上所讲述的内容,以免忘记。

三、传统教室的不足与反思

高校思政课教学课堂一般采用多媒体教学,课堂从原来的"粉笔＋黑板"模式转变成"计算机＋投影"的模式。这种模式虽然避免了单调枯乏的照本宣科,教学效果有了一定的提高,但是仅停留在教学"表演"上,课堂出现了由"人灌"变成了"电灌"的现象,传统教室单一化、模式化、教条化、静态化的弊端没有发生根本的变化,难以满足"互联网＋"时代教学形态的变革。

（1）限制了教师课堂教学能力的发挥。多媒体技术虽然对教育改革和教学灵活性方面都有着非常好的改进作用,但有些教师过于依赖教学课件,为了操作方便,教师限制在控制台前,影响了师生之间语言及形体的交流,让学生处在被动环境下学习,难以

达到思想政治理论课的教学目的。

（2）内容更新缓慢，收效甚微。由于多媒体的可再利用性，因此在教学中内容及重点存在着更新缓慢、一成不变的模式弊端。例如有些教师在课件制作和备课过程中，只是将网络下载的资料和课程内容进行简单拼凑，使得课件内容枯乏无味、结构层次不清晰、内容缺乏和时事、生活的有机连接，不能与时俱进。多媒体教学内容"堆砌"，妨碍了学生的"消化"。

（3）统一固定的座位布局，不利于教学活动的开展。思政课教学所涉及的教学内容和范围非常广泛，秧苗式的座位布局，形成了课堂空间的封闭格局，限制了诸如活动学习、探究学习、项目学习、协作学习等多种教学活动的展开，并强化了学生顺从倾向。

（4）多媒体教室的配备和控制难以满足学生探究的需要。多媒体网络系统涉及广播、教学、学生演示、个别辅导、语音教学、双向对讲等多项功能，但目前只有个别功能在教学中体现。思政课堂教学规模较大以及网络接入不便利，导致学生很难在教室获得合适的教学资源和进行实时的互动。

课堂是思想政治教育的主阵地，高校思政课教学虽然试图通过技术装备的投入对传统教室空间进行一定的改造，但远不能满足信息技术时代学生学习的特点和需求。无论是教室的物理环境还是心理环境均需要做出相应的改变，才能适应互联网时代教育教学的发展变革，才能应对新时期思想政治教育面临的机遇与挑战。

四、思政课现代教室空间变革的多元思考

"互联网＋"时代，物联网作为积极的教学元素与教室空间相结合，扩展了教室空间的范围，从形式上看，物理空间和虚拟空间得到了很多研究者的认可。从技术与教室互动发展来看，推动了教室由传统教室、多媒体网络教室到现代教室的发展。从教室空

间的内涵来看,思政课现代教室空间应该是学习资源获取便利,教学内容呈现情景化、可视化,能够促进课堂交互开展,充分发挥课堂主体的主动性、能动性,促进主体和谐、自由发展的教与学的新型空间环境。

(一)现代教室空间优化的基本理念

关于现代教室空间建设的思想有很多不同的表述,但其理念基本是一致的,现代教室空间的优化,均强调以人为本、增强学生的主观能动性,促进主体人格的完善,最终实现学生的全面发展。

教室空间的优化,主要是指文化空间、资源空间、交往空间、技术空间的塑造。

通过文化空间的塑造,广泛开发和利用各种社会文化资源,实现对人的教化。

通过资源空间的扩展,扩大学生视野,拓展学习时空,帮助学生深入社会生活,增长他们的社会生活和实践知识。

通过交往空间的塑造,提供交互式学习,缩小师生之间、生生之间交流的心理距离,提高教学效果。

通过技术空间的创设,使信息空间与物理空间实现无缝对接,技术的关键性特征能够满足师生的功能性需求。

(二)思政课教室空间设计的主要目标

现代教室是基于一定的技术和理论,以互动为核心,建构一个服务和支持课堂主体的发展和自由的,各构成要素和谐共存的教与学的活动及环境。基于这样的认识,教室空间建设的主要目标应该体现于服务和支持思政课教学改革。

1. 支持思政课教学结构变革

高校思政课教学改革的关键是将教师主宰课堂的、以教师为中心的传统教学结构,改变为既充分发挥教师主导作用,又能突出体现学生主体地位的主导—主体相结合教学结构。

新型教学结构的建立需要四个方面的转变,教师要由课堂教学的主宰和知识的灌输者,转变为课堂教学的组织者指导者、学生建构意义的帮助者促进者;学生要由知识灌输的对象和外部刺激的被动接受者,转变为信息加工的主体、知识意义的主动建构者和情感体验与培育的主体;教学内容要由只是依赖一本教材,转变为以教材为主并有丰富的信息化教学资源相配合;教学媒体要由只是辅助教师突破重点、难点的形象化教学工具,转变为既是辅助教学的工具,又是促进学生自主学习的认知工具。

思政课教室空间的设计必须具备灵活的空间布局、动态课桌椅组合、多显示屏空间、数字学习终端等多种特征以满足课堂教学系统四个要素地位和作用的改变。

2. 实现不同教室空间功能的互补

根据思政课教学的特点,将现代教室模块化,以适用于不同教学应用模式。从功能角度可以把现代教室的空间划分为以下几类。

(1)授课空间。传统教室绝大部分空间都属于授课空间。授课空间将分散于各区域的学生集中起来,进行统一的讲解、演示、练习和交流。教师既可以向学生描绘情景、叙述事实、解释概念、论证原理、阐明规律、教练指导,也可以指导整个班级学生,围绕一定的问题各抒己见,展开讨论、对话或辩论。

(2)团队协作空间。由于问题驱动、任务驱动、探究性学习等教学方法的盛行,课堂上出现了越来越多学生小组形式的协作和交流,课堂不再是整齐划一的行动。由于学习内容、教学方法、学生特质、分组方式的差异,小组学习的类型也不尽相同。团队协作空间可以为不同的学习组群提供多用途的学习空间,满足他们进行各式各样的学习活动的需求。在实际工作中,考虑到教室空间利用的情况,需要将座位按某种规则适当重排,其目的是通过空间的重构让学生在课堂上能与更多的同学接触、交流。

(3)媒体空间。媒体空间用于放置图书、杂志、教材、电脑、视听资料和设备，并且提供足够的电源和网络接口，学生可以自由使用。教师也可以利用媒体空间准备学习需要的教材及教具，并且可以根据教学内容，在课前、课后或者教学过程指导不同学生使用适合他们的资料。

（4）展示空间。传统的黑板报、名人名言的张贴、学生优秀作品展示，都属于展示空间的范畴。展示的内容既可以是学生作业或作品的展示，也可以是教学内容相关的知识介绍、规章制度提醒、日程安排、课外活动指引、励志栏目、师生合作栏目等。当然，展示区也可用于记录学生的行动轨迹，教师为每位学生建立一个档案袋，张贴在展示区，档案袋反映了每个学生的状态。

（三）在建设方案上主要遵循主导原则

（1）实用性与先进性：满足教学活动的实际需求，在保证方案实用性的基础上，还应着眼于提升整个教室环境的智能化水平，以适应未来智慧教室的发展趋势。

（2）可靠性与高性能：采用成熟并有较多成功案例的技术装备与解决方案，保证系统的稳定、安全和可靠，同时为教学活动的全过程提供高效率、高品质的支持。

（3）完备性与拓展性：充分考虑物理空间和各种技术装备的优化融合，发挥整体系统的最优性能，同时遵循各种标准化体系，充分考虑到未来系统的升级与扩充。

第六章 "互联网十"视域下思政课教育教学资源的设计与制作

随着计算机技术以及互联网的不断发展,现在已经进入网络信息时代。在这个时代进行思想政治教育应该符合时代特征,充分利用互联网进行思政课教学资源的设计和制作。

第一节 思政课信息化教学资源内涵及特征

资源信息化是这个时代的特征,信息化是指将媒体资源转化为数据形式而存在,思政课教学资源信息化是符合时代特征的一种选择,通过信息化可以帮助教学资源更好地传播,还可以促进思政教育的进一步发展。

一、思政课信息化教学资源的内涵

信息化教学资源是随着计算机信息技术的发展而产生的,其将传统教学资源通过信息化技术转化为数字形式,通过互联网可以利用这些教学资源。思政课教学资源信息化就是将原本的教学资源进行数字化,方便教育者开展教育,同时有助于学生搜索资料进行学习。信息化教学资源可以方便快捷地满足人们的信息需求。

信息化教学资源的建设包括两个方面,即开发和利用。信息化教学资源的开发是指通过信息处理技术和互联网技术建立信息资源库,将大量教学信息进行数字化管理,使人们可以通过网络进行检索和下载。信息化教学资源的利用是指将信息化教育资源进行分类、整理和加工等,按照不同分类进行导航数据库的建设,帮助人们可以更为快捷地进行信息搜索。思政课信息化教学资源的开发与利用是建设和完善思政课网络信息资源的重要环节,也是进一步进行思政课信息化教学的保障。

二、思政课信息化教学资源的优势

(一)思想政治教育信息国际化

互联网是跨地域、时间的信息传播载体,通过互联网可以获取世界各地的信息。思政课信息化教学资源可以超越国界进行学习交流、教育活动,帮助教育者更加全面地思考问题,提高教学质量;帮助学生了解不同的政治、经济、文化知识,使他们更全面地进行学习。信息化的教育资源可以在全球范围内传播,通过对不同信息的研究和学习,可以相互交流、互相进步,促进教育教学的进步,进一步完善现在的教育方式和理念,使学生的视野更加开阔。

(二)思想政治教育形式多样化

互联网的出现对传统的信息传递方式进行了革新,使单一信息传递方式向多元化的信息传递转变。互联网信息技术为人们带来了更为丰富的教学资源,信息传播速度快、效率高,这深深吸引着教育者和学生。随着互联网信息技术的发展,教学资源信息化进一步得到推广,学生的学习不再局限于课堂面授,而是可以通过互联网随时随地进行学习,这种新型自主的学习方式为推动教育起到了很大作用。将思政课教学信息实现信息化,可以帮助教育者更好地进行教育,丰富了教学内容,打破了固有的教育形式;同时信息化的教学资源习以帮助学生更好的自主学习,而且丰富多彩的资源内容和形式也更加吸引学生参与学习。

三、信息化教学资源的特点

(一)数量大、种类多

现代信息技术集成度高、系统结构柔性大、处理方式严密,这就使得互联网信息资源具有数量巨大的特征。信息化的教育信息有多种形式,如文字、图片、音频、视频等,随着互联网信息技术的不断发展,对于信息的表达方式也越来越多样。

(二)内容丰富但侧重点不同

大量的教学资源出现在网络中,不同的网站提供的服务有所不同,所以对教学资源的侧重点也不同,虽然网络中的教学资源内容丰富,但根据不同网站和数据库的作用和侧重不同,不论是教育者还是学生,都可以按照自己的搜索意愿在合适的网站进行教学资源检索,帮助他们快速便捷的获取需要的资料,相比传统的资料检索方式,信息化教学资源的检索简单方便,可以节省大量时间。

(三)形式多样、分布广泛

海量的信息资源存储在互联网中,由于互联网的特征,使这些信息资源的分布十分广泛,信息化教育资源呈现出分散、开放的特征。同时,互联网具有超文本链接方式与强大的检索功能,这使信息资源之间存在很强的关联性,这种关联性可以帮助人们更好地利用信息资源,这也是相对传统信息检索更方便的一个地方。

(四)动态发展、信息更新速度快

互联网媒体具有信息及时性的显著特点,信息资源的发布和传递始终处于动态,相较传统的信息传递更为快捷、灵活。信息化教学资源可以进行实时更新,在相关网站发布最新动态,使教育者和学生可以第一时间掌握最新的教学资源。信息化教学资源可以通过互联网进行及时、快速的传播,打破了传统教学资源的传播方式,大大增强了信息资源的更新和传播速度。

(五)传播范围广、具有交互性

互联网信息资源通过多媒体进行传播,超越了传统的信息组织方式,多媒体帮助信息化资源通过语言、非语言两种符号进行媒介间的传递。多媒体信息的传播方式使信息传播范围更广,同时丰富多样的传播方式为人们带来了全新的感官体验。多媒体具有很强的互动性,这使得通过多媒体进行传播的信息化资源具有交互性。信息化教育资源在传播范围上远远超过传统教学资源,不用担心教学资源因数量限制而无法供更多人阅读;同时多样化的感官体验带给人们不同以往的交互体验。

第二节　微课视频创作

随着教育方式的不断进步,加上近年来互联网视频与影视文化的兴起,微课出现在课堂上。对于一名信息化时代的教师,能够自如地利用各种现代化技术工具进行授课是基本素质。想要制作微课进行教学,首先要学习如何制作微课视频。

一、微课视频的分类

微课视频可分为三类,即录屏式视频、翻拍式视频和演播式视频。不同种类的微课视频用途不同,在创作视频时需要用到的制作设备也不同。常见的微课及其相关的视频制作方案如表 6-1 所示。

表 6-1　微课类型及其视频设计方案

类型	样式	微课名称	制作方案		制作难度
			软件程序	硬件设备	
单播式微课	录屏式视频	幻灯片演示式微课	MS Power Point，Captivate	麦克风,笔式鼠标	非常简单
		电子板书式微课	Camtasia Recorder，Captivat，SmoothDraw	麦克风,数位绘图板	比较简单
		智能笔式微课	Equil Note，Equil Sketch	Equil Smartpen2 或 Livescribe3 智能笔	比较简单
	翻拍式视频	翻拍式微课	视频播放程序	高拍仪,有摄像功能的手机、平板电脑及相应固定装置	非常简单
	演播式视频	自动录播式微课	专用程序软件	专用硬件设备	非常复杂
		演播室式微课	Adobe Premiere 和 After Effect 等	配有绿背视频拍摄设备的专用演播室	非常复杂
交互式微课		初级交互式微课	iFly，NeoSpeech，iVona，CB，Ultra，Presenter	简易演播室或 SMMS	难易适中
		高级交互式微课	iFly，NeoSpeech，iVona，CT，CTA，iCloneCaptivate	简易演播室或 SMMS	难易适中

二、微课视频拍摄方法

(一)录屏式视频拍摄方法

录屏式视频,是指通过某些书写输入设备及辅助软件来录制教师的板书笔迹及动作过程的视频。除此之外,还可以对视频的声音解说进行录制。录屏式视频是视频形式的教学资料,更为生动形象,并且录制的视频资料进行保存可以重复观看和学习。这种教学视频一般用于幻灯片演示式微课、电子板书式微课和智能笔式微课。在进行录屏式视频录制时,一般需要如笔式鼠标、绘图板和智能笔等硬件设备。

有许多教育者和教育机构通过录屏式视频的方法制作视屏课程,这样可以生动形象的呈现整个示范过程。例如,可汗学院就是采用这种方式制作视频课程的。可汗通过触控面板点选彩笔进行内容书写绘画,同时可以进行录音,随后通过相应的录屏软件将内容进行保存,生成完整的教学视频。通过录屏式视频录制教学视频,教师不需要出现在视频中,相应的对教师体态、表现力等要求有所降低。录屏式微课是一种制作简单的微课。

1. 用智能笔录制微课视频

Equil Smartpen 是一款"智能笔"设备,外表看起来就是普通的笔,但用这只智能笔在纸上写下的内容可以同步到连接的相应智能设备上。通过智能笔进行教学简单方便,Equil Smartpen 全套设备包括智能笔、带保护盖的充电基座、接收器、充电线以及对应的软件,这款智能设备可以对接计算机和智能手机。

用 Equil Smartpen 可以制作微课视频,这种微课视频属于录屏式微课视频。在进行视频制作前,首先将智能笔充电,将智能笔与接收器正确安放在充电基座上即可进行充电。一般情况下充满电量需要 2 小时,一只电量充足的智能笔可以连续使用 8 小时以上。

(1)设置蓝牙和配对接收器与设备

接收器上应该有蓝牙开关,根据需要将开关调整到合适位置。如果配对设备的系统为 Android、MacOS 或 Windows,则将开关调整至"Others"挡位;如果配对设备是 IOS 系统则将开关调整到"IOS"挡位;如果此时不需要连接设备,则可将开关调整至"OFF"挡位,这是通过智能笔书写的内容将保存在接收器中,有需要时可将保存在其中的内容导入计算机。接收器开关的位置如图 6-1 所示。

图 6-1 接收器蓝牙开关位置

这里通过与 Windows PC 连接进行演示说明,将 Windows PC 作为接收设备,要安装相应的智能笔应用程序 Equil Note,以便设备可以顺利连接。

首先,关闭接收器电源,随后长按电源按钮,直至蓝牙显示灯快速闪烁。这时智能笔已经进入蓝牙配对状态,将需要进行连接的配对设备的蓝牙功能打开,便可以进行蓝牙配对了。当智能笔与接收设备配对成功,接收器上的蓝牙显示灯变为慢速闪烁。电源按钮及蓝牙显示灯位置和显示如图 6-2 所示。

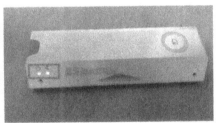

图 6-2 打开电源并配置蓝牙连接设备

(2)启动软件和完成书写准备

首先,在接收设备中打开 Equil Note 软件(图 6-3),选中菜单中的"Equil 设备"选项,点击设备连接以进行智能笔连接。

其次,将准备好的纸张平铺放好,将接收器的磁夹打开放至纸张顶部,要注意接收器的位置要在顶端中间(图 6-4),保证纸张在接收设备中的位置端正。

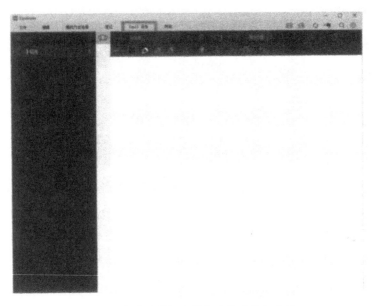

图 6-3　启动计算机上的程序并连接智能笔

最后,打开智能笔电源,当智能笔笔头的显示灯呈现白色,就代表配对成功可以开始书写了(图 6-5)。

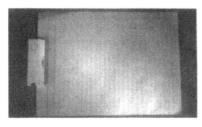

图 6-4　接收器正确摆放位置

图 6-5　智能笔电源开关和指示灯

(3)开始书写

智能笔的书写方式与普通的笔相同,只需要在纸张上进行书写,内容就会自动上传至连接的设备上。通过连接设备的 Equil Note 软件可以看到在纸张上书写的内容。在进行书写时,主要不要超过 A4 纸张的范围,超过范围的内容无法被识别上传。智能笔的书写方法及 Equil Note 软件上的显示如图 6-6 所示。

当纸张写满或是有换页需求时,可以随时更换书写纸张,不影响之前书写的内容。在进行书写纸张更换时,可以相应的在

Equil Note 软件上更换新的虚拟纸张,即建立全新页面,以免内容重叠,使页面混乱不堪。建立新页面可以通过接收器上的"新建页面"按钮进行(图 6-7)。

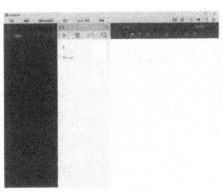

图 6-6　智能笔书写方法

有一点需要使用者注意,当书写内容直接存储在接收器内存时,"新建页面"按钮周围的环形显示灯会出现几种不同的信号显示,分别代表不同的意思。显示灯出现白色闪烁信号,表示接收器已准备好开始记录;白色稳定信号,表示接收器已经接收到书写内容;白色旋转光源信号,表示创建新页面;红色闪烁信号,表示纸张上的书写内容已经接近接收器的识别范围边缘;红色稳定信号,表示书写内容已经超过接收范围无法识别。接收器环形指示灯如图 6-8 所示。

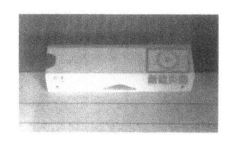

图 6-7　新建页面按钮　　　　　　图 6-8　环形指示灯

(4)保存为微课视频

使用者书写完毕,可在 Equil Note 中将书写内容进行保存,保存好的文件就可以作为录制完成的微课视频。如果认为单纯的书写过程过于单调，可以通过 Equil Note 的编辑功能对文件进行编辑，可以添加颜色，进行文字修改编辑等。保存好的微课视频可以通过邮件、微信等方式进行传送、分享。教师可以通过智能笔录制微课视频，这种方式可以帮助他们方便快捷地传递学习视频资料，生动形象。

2. 利用 SmoothDraw 和 Adobe Captivate 录制微课视频

（1）利用 SmoothDraw 板书

SmoothDraw 是一款功能很强大的演示软件，它具备很多专业功能，例如，多种可调画笔、纸张材质选择、透明处理及多图层操作。同时还支持压感绘图笔，以及图像调整和特效等，支持各种绘图板。SmoothDraw 可以在软件的官方网站进行下载，十分简单方便。

打开 SmoothDraw 软件可以看到其操作界面，可以将操作页面分为四个区域，即工具栏、菜单栏、控制面板以及绘图区，如图6-9 所示。

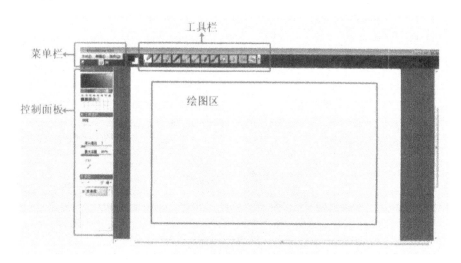

图 6-9　SmoothDraw 软件操作界面

①菜单栏

在进行内容绘画和书写时，每一笔为一步，按照操作界面指示,通过点击"后退一步"可以撤销上一笔操作,通过点击"前进一步"可以还原上一笔操作(图6-10)。在"文件"下拉菜单中选择新建、打开或是保存。SmoothDraw文件的源文件格式为sddoc,以此格式进行文件保存,则可以继续进行编辑。

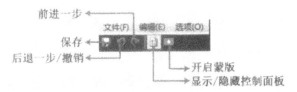

图6-10 SmoothDraw菜单栏

②工具栏

从工具栏中可以选择各种绘图工具,其中包括画笔、橡皮、填充工具等。在工具栏的下拉菜单中可以看到所有绘图工具,工具栏里有不同的绘图工具,根据不同的需要可以选择相应的工具,其中有许多笔刷可以选择,不同的笔刷的绘图效果不同,下拉菜单及笔刷效果如图6-11所示。在使用SmoothDraw绘图时,可以使用相应的快捷键提高使用效率,例如,按"B"键可以切换至钢笔工具,按"G"键可以切换至橡皮工具,按"G"键可以填充工具。

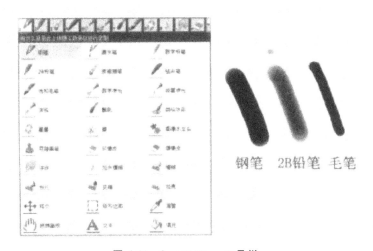

图6-11 SmoothDraw工具栏

③控制面板

颜色区,画笔颜色要在颜色区中进行设置。在颜色盘中可以选取需要的颜色,同时为了后续使用更方便,可以在颜色盘下面的色板空格中单击鼠标右键,将选取的颜色添加至色板,如图6-12所示。

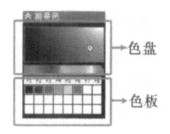

图 6-12　SmoothDraw 颜色区

　　画笔区,画笔以及橡皮的直径与透明度在画笔区进行调节,当使用这两种绘图工具时,可以按照需要在此面板调节至满意。不同直径与透明度的画笔的书写效果有所不同。SmoothDraw 画笔区如图 6-13 所示。

　　图层区,SmoothDraw 的绘图过程采用图层叠放的方式,这种方式可以帮助使用者对不同的素材进行编辑和管理,使绘图过程有条理,图层按照排列顺序依次叠放。一般情况下,不会直接在背景图层书写或绘画,而是通过新建图层再进行书写或绘画,新建图层可以通过点击图层选项中的"箭头"符号实现,如图 6-14 所示。

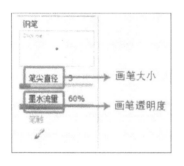

图 6-13　SmoothDraw 画笔区

图 6-14　SmoothDraw 图层区

　　④绘图区

　　绘图区是使用者进行书写和绘画的区域,在制作视频时,视频中的书写教学画面就是这个区域的展示。绘图区的背景颜色可以进行调解,用不同的背景颜色与画笔颜色可以产生不同的效果,例如,用黑色绘图背景和白色画笔,则会产生在黑板上进行板书的效果。根据需要,教师可以选择不同的背景、画笔搭配,得到更好的教学效果。

(2)利用 Adobe Captivate 录屏

Adobe Captivate(简称 CP)是一款专业交互式微课制作软件,可以进行高清视频录制,并按照 MP4 的格式发布。对预制好的视频文件,还可以根据不同的需要进行编辑,增添各种视频效果。通过 CP 录制视频,首先要建立新的视频演示项目(图 6-15),建立完新项目后,在录屏参数设置界面进行相应设置(图 6-16)。

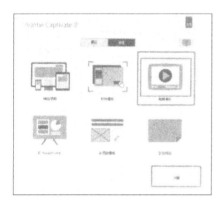

图 6-15 创建视频演示界面   图 6-16 录屏参数设置界面

使用者可以根据自身需要进行参数设置。捕捉区域设置为视频录制区域选择,根据具体情况选择相应尺寸;外界声音的录制需要通过录音设备实现,可以在"音频"下拉菜单中选择录音设备;系统声音的录制通过系统音频选项设置,若需要录制系统声音则将系统音频进行勾选,若不需要则不勾选。

当参数设置完成后,点击"录制"按钮,这时会弹出一个窗口,通过这个窗口进行语音测试(图 6-17)。测试正常,则可以开始正式录制。教师可以打开 SmoothDraw 软件开始教学,声音和画面都会被录制下来。

在录制过程中,用鼠标点击桌面右下角的系统图标,会发现名为 CP 的绿色图标在闪烁,这表示当前正在录制视频,点击该图标就可以结束录屏。录制完成后,使用者可以通过观看录制好的视频进行检验,检验通过就可以发布视频了。在发布视频时,可以在参数设置窗口中进行视频发布参数的设置(图 6-18),对视频的尺寸和质量进行设置,输入文件保存名称,选择保存路径,随后可以进行发布,得到 MP4 格式的录屏视频。

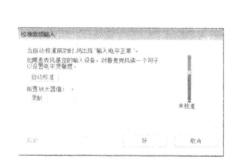

图 6-17　测试语音窗口　　　　图 6-18　发布参数设置窗口

（二）翻拍式视频拍摄方法

翻拍式视频,也是比较常见的微课视频形式。这种视频的拍摄方法,需要利用某种录像设备,通过在固定的录像设备镜头前进行书写而进行视频录制,这种微课视频的拍摄方法较为简单,通过这种视频形成的微课称为翻拍式手写微课。进行翻拍式视频拍摄时,一般会需要以下设备,实物展台、高拍仪或相关的支架类通用录像设备。

1. 用实物展台拍摄

利用实物展台进行微课视频拍摄是一种常见的拍摄方法,同时这种方法操作简单快捷。通过支架将摄像头固定,视频制作者在镜头下直接进行教学,教学行为会直接录制下来。这种方式操作简单,不需要复杂的技术支持,同时这种微课视频也可以带来较好的临场体验,可以帮助学生更快进入学习状态。实物展台属于学校最常见的教学设备,通过它进行微课视频拍摄成本比较低。实物展台进行微课视频录制的方法如图 6-19 所示。

2. 用高拍仪拍摄

高拍仪是一款常用的教学、办公用具,一般高拍仪可以进行折叠,比较方便。高拍仪可以进行文件扫描,可将扫描文件转换为 Word 文档,方便进行进一步编辑。同时,高拍仪可以进行摄像、复印、无纸传真等工作,是一款功能十分多的办公用品。

通过高拍仪进行微课视频录制,要将设备与计算机连接,通过高拍仪的摄像功能录制教学视频。在录制方法上,高拍仪与实物展台方法相近,并且都可以使学生直观的观看教师的板书过程,操作简单,并且临场感强。高拍仪进行微课视频录制的方法如图 6-20 所示。

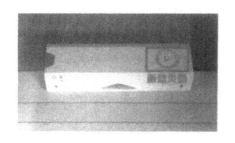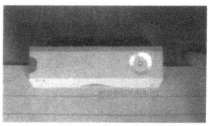

图 6-19　实物展台录制方法　　　图 6-20　高拍仪录制方法

3. 用手机和平板拍摄

随着科技的发展,目前的智能手机和平板电脑已经具备高清摄像的能力,所以通过手机和平板电脑进行微课视频的录制成为近年来的一个新趋势。只需要一台具备高清摄像功能的手机或是平板电脑,再加上一个固定支架,就可以进行微课视频录制了。通过固定支架,将设备固定在桌面上方,在设备摄像头下进行教学内容的书写,如果想要更加清晰的效果可以配置 LED 等配合摄像。这种方式十分简单快捷,成本也比较低,不需要购买专门的录像设备,是目前比较流行的一种微课视频录制方式。这种微课视频录制方式如图 6-21 所示。

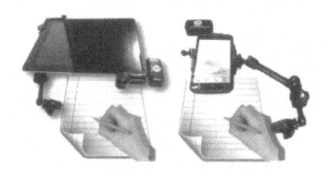

图 6-21　用手机或平板电脑制作微课视频

　　用这种方式制作微课视频时,需要利用一个固定设备的活动支架,一般这种支架是可折叠的,十分方便。支架一段可以夹在书桌边缘、书架等地方,另一端放置和固定手机或平板电脑设备,根据需要可以对支架的高度、角度进行调整。活动支架以及其使用方法如图 6-22 所示。

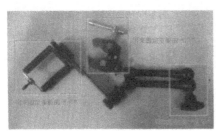

图 6-22　活动支架及其使用方法

　　调整好活动支架后,将手机或平板电脑固定到支架一端,按照需要调整角度。如果拍摄地点的灯光效果不好,可以通过 LED灯调节光照效果,可以将便携式 LED 灯接入手机的耳机孔,通过调节灯光达到更好的拍摄效果(图 6-23)。

　　当角度和灯光都调整完毕,再次检查拍摄画面,确认拍摄画面在拍摄范围内。确认无误后,打开手机或平板电脑的录像键,开始进行正式的视频录制,这种录制方法可以同时收录书写画面和讲解语音,是一种方便快捷且效果较好的录制方法。

图 6-23　摄像设备固定和调整方式

（三）演播式视频拍摄方法

录屏式视频和翻拍式视频都不需要教育者出现在视频中,学生们通过板书和讲解进行学习,这种教学方式不能体现教育者的形象在教育中的作用。这两种微课视频比较适合公式推导、演算等比较多的学科,因为这两种微课视频突出的是教育者的板书过程和对板书的讲解。对于一些社科类的学科,这两种方式不太适合,在这类学科中,需要体现教育者的形象在教育过程中的作用,教育者通过声情并茂的讲课方式提高学生积极性,提高学习效率。对于这些教育者本身的作用比较大的学科,就需要采取另一种微课视频的录制方式,也就是演播式视频。

演播式视频是目前在微课中最为常见的一种拍摄方案,演播室式微课是目前很流行的微课模式。这种微课视频需要教育者本人出现在内,将其声情并茂的授课过程录制下来制作为微课视频。演播式视频的画面构成一般有教师本人和教师身后背景上的讲义,还有一些视频会添加字幕,方便学生观看和记忆。这种微课视频就像当场授课一样,呈现文字、声音、画面三位一体的布局。为了配合课堂需要,还会进行画面上远景和近景的切换,通过这种方式吸引学生的注意力,提高教学交互性。

演播室式视频一般都是在演播室进行拍摄和制作的,与精品课堂不同,精品课一般都是在教室进行拍摄的。在演播室内进行视频拍摄,可以保证视频的质量,营造良好的视觉效果,同时在演播室进行拍摄后,有较大的编辑和制作空间,可以通过视频的后期制作达到更好的效果。需要注意的是,拍摄演播式视频的演播室并不是拍摄电视节目那样的实体演播室,而是基于计算机图像编辑与处理技术而构成的"虚拟演播室"。

使用虚拟演播室进行视频录制需要多种软件和硬件设备的支持,相较于前两种录制方法要复杂很多。演播室式微课的视觉效果更好,也更为生动有趣,可以为学生带来更好的学习体验,但同时,这种视频录制方式需要较高的录制成本。

第三节 网络公益宣传片创作方案

网络公益宣传片是指不以功利为目的,对良好的社会风气进行宣扬,为人们的切身利益服务的网络宣传片。随着互联网技术的不断发展,微作品的概念出现在人们的视野中,其中微电影就是微作品的一种,现在的网络公益宣传片一般都会采取微电影的方式进行制作。通过公益微电影的传播,可以树立良好的道德风尚、弘扬优秀的社会主义核心价值观,是"互联网十"视域下思想政治教育的一种全新方式。

一、微电影的概念

微电影是在互联网技术的基础上形成的一种全新的微型电影形式,其可以通过互联网新媒体平台进行传播。微电影在互联网上受到人们的追捧,很大原因在于网民的主动参与,互联网平台具有很强的包容性,可以为人们提供更加开放的展示空间。随着微视频、微电影的兴起,越来越多的网民开始自己拍摄身边的故事上传到互联网,通过互联网新媒体的传播,这些微视频、微电影可以分享给更多人。

微电影具有很强的宣传作用,企业和政府都可以通过微电影的方式进行宣传,这实际上是通过互联网进行的一种信息传播。所以公益宣传片采取微电影的模式十分适合,可以将思想政治教育融入影片中,自然地渗透到人们的生活中。

二、公益微电影的创作思路

(一)突出叙事性

微电影从根本上说属于电影,而电影就具有叙事性,想要创作出受到群众欢迎、传播效果好的公益微电影,叙事性是一个重要的突破口。叙事性是对生活的一种概括总结,通过叙事可以表达人类的内心情感和诉求,使电影具备亲和性和渗透性。正因为电影的叙事性才可以使其深入人们的精神世界,通过影片引起人们的共鸣。公益微电影作为电影的一种形式,当然具有显著的叙事性,通过将叙事与主题相结合的方式,将宣传片想要表达的中心思想渗透到影片之中,通过这种性质带来的渗透性和亲和性使人们领会其中的精神。

公益微电影的叙事内容应该展现人民群众的真实生活,通过平实的生活开展公益宣传。公益微电影的叙事性是宣传片的创作依据,也是宣传片的创作源泉。但微电影不可能与普通电影采用同样的叙事方法,因为微电影的时间要比一般电影短很多,这就要求微电影要在很短的时间内进行叙事。为了使公益微电影的叙事达到较好的效果,在电影叙事上要注意情节和内容的控制,精简片段,通过碎片化的叙事为主,要充分利用叙事的互文性。在这一点上,影片可以选取日常生活中的小事进行编排和创作,通过这些小事融入思想道德教育,同时这样更具亲和性,更容易让人们产生共鸣。

(二)确定主题类型

随着互联网信息技术的不断发展,人们的生活发生了很大变化,人们获取信息和传递信息的方式和渠道发生了变化,这种全新的信息获取和传播方式催生了微电影这一新型媒体,微电影的产生原因导致其具有很强的针对性。微电影的主要受众群体是青少年,而要开展思想政治教育的主要群体也是青少年,受众群体的重合使微电影十分适合成为思想政治教育的全新工具。

为了迎合年轻群体,在进行公益微电影创作时应该选择能够引起他们兴趣的主题,这样才可以吸引他们的注意力,从而进行思政教育。选择年轻群体认可的影片主题,创作符合社会主义核心价值观内容的影片,通过互联网进行影片的传播。选择合适的主题可以更好地吸引受众群体的注意力,公益微电影可以在潜移默化中影响人们的思想,帮助人们树立正确的世界观、人生观和价值观,使他们可以更正确地看待世界、看待自己,从而达到思政教育的目的。

(三)内容定制,目标受众明确

根据受众群体的心理需要,微电影具有"微时"的特点,也就是说微电影通过很短的时间讲述一个完整的故事。创作公益微电影的目的是传播正确的思想道德价值观,这样的影片应该注意内容的设置,为了吸引受众应该采取新颖的叙事方法,通过吸引人的影片内容扩大影片的传播范围、加大宣传作用。在进行公益微电影的创作时,要根据受众定制影片内容,将想要传达的思政内容融入影片的故事情节之中,通过渗透式的方法影响人们的思想,使正确的思想价值理念得到传播,加强影片的宣传效果。

(四)投放渠道精细

目前公益微电影的主要载体是手机应用、网络视频网站等,其传播方式是通过观看者对影片进行链接分享的方式进行的,可以通过分享将微电影转载到微博、微信、QQ等社交媒体,通过这种转载进一步扩大宣传范围。公益微电影具有内容短小精悍、传播速度快的特点,为了更好地达到宣传效果,应该进行调整从而进行精准投放,尤其因为公益微电影的道德宣传性质,更应该将这种影片投放到适合的传播渠道,以此扩大其影响范围和影响力。

(五)利用公益微电影弘扬主流价值观

党的十八大报告中指出要加强和改进网络内容建设,树立正确积极的网络主旋律,这也是此阶段我国互联网建设的主要内容和重要目标。随着微电影的发展,以及其影响力的扩大,应该通过微电影的方式进行主流价值观的宣传,也就是鼓励公益微电影的创作。微电影的投资规模小、影片时间短、制作周期短,这些特征符合当代人们的生活习惯,随着现代人的时间碎片化,微电影这种媒体形式十分适合作为宣传片。同时,微电影一般都是通过日常生活中的小事表达主题,这种亲和性和渗透性也十分适合作为教育宣传的方式。

微电影与传统电影的播放平台不同,人们通过互联网平台观看微电影,并通过互联网进行分享和传播,相较传统电影,微电影具有很强的传播性。微电影具有平民化、精简化、快速化的传播特点,这些特点使得通过微电影进行思想政治教育具有天然优势,所以公益微电影十分适合宣扬美好的意志品质,可以帮助人们塑造健康的思想道德观念、树立正确的价值观。

1. 公益微电影弘扬主流文化的优势分析

(1)情节恰当,吸引观众目光

微电影与传统电影不同,其播放时间较短,不会超过半小时,一般公益微电影不会超过十分钟。由于时间的限制,在故事情节的选择和设置上就要进行准确的定位,因为公益微电影要通过很短的时间吸引住人们的注意力,这就对情节设置的要求很高。公益微电影的拍摄目的是传递美好的意志品质和良好的道德精神,往往是通过一个发生在人们生活中的小事来揭示一个大道理,影片的故事可以使人们感同身受,使人们深入思考,并带给人们精神层次的启迪。目前,在拍摄公益微电影时,创作者都会注意故事情节的设置,通过生动的故事来传递想要表达的中心思想,相较于曾经生硬的说教式的宣传方式,显然这种柔性教育具有更强的亲和性和渗透性。例如,《开包子铺的爸爸》就是一部公益微电影(影片海报如图 6-24 所示),这部影片讲述了一个感人的付出与感恩的故事,与外婆相依为命的小男孩,为了给重病的外婆偷一个包子与包子铺老板相识,包子铺老板对他们施以援手,等到男孩长大了寻找包子铺老板报恩。影片只有 25 分钟,但在这很短的时间内讲述了一个平民老百姓的付出与感恩的故事,让观看影片的人可以受到感染,从而也学会付出和感恩。微电影的力量就在于这里,通过短小的故事引起人们的思考,通过朴实无华的情节引起人们的共鸣,往往是人民群众自己的故事才更能让人们感同身受,也正因为这样,通过微电影传播正确的思想价值观才能如此高效。

图 6-24　影片《开包子铺的爸爸》海报

(2)关注民生,与民众产生共鸣

微电影具有显著的亲民性特征,这也是微电影进行公益宣传的一个优势。微电影关注民生主要表现在两个方面。

　　一方面是微电影的内容一般都是发生在人们身边的事情,是一些日常生活中的小事,通过对生活中的琐事放大展现,会呈现出令人吃惊的效果。微电影能够引起人们的共鸣,正是因为这些影片的故事情节就发生在自己身上或是自己身边,通过影片中人物的做事方法可以对观影人产生一定的引导作用。如果在宣传影片中的人物与自己有一些方面的情况是契合的,那么影片中人物的行为和想法在一定程度上会影响观影人,如果影片中的人物在困境中永不放弃,那观影人也会从中得到勇气和力量。通过平实的小事引起人们的共鸣,再通过影片设置引导人们树立正确价值观。

　　另一方面是微电影的主体内容一般都来自人们的生活,这使故事显得更加真实,也就更容易引起观影者的共鸣,强烈的共鸣感会加深观影者对影片的理解和认同,也就更会引起他们的深入思考。例如,根据北京"721"特大暴雨事件中的真实故事改编的系列微电影《大雨》(影片剧照如图 6-25 所示),就是选取了真实事件作为影片主题而进行创作的。影片中每一个故事都很感人,每个故事中的人物都是普通人,在一场大暴雨中他们面临着不同的困境,但他们都选择了恪守职责、坚守岗位,并在遇到困难时互相帮助。通过这样的影片,展现了人性的美好,传递出坚强乐观、温暖有爱、无私奉献的优秀意志品质。在进行思想政治教育时,就可以通过选取这样的真实主题进行影片创作,通过微电影的亲民性,将正确的道德思想渗透到人们心中。

图 6-25 《大雨》系列微电影剧照

（3）注重互动，让观众参与其中

微电影是以互联网新媒体作为传播平台的媒体形式，具有很强的互动性。一方面，影片点击率影响人们的观影选择，点击率高的作品会吸引更多人观看影片。播放影片的网络视频平台一般都会有评论功能，人们观看影片后会根据自身感受对影片进行评价留言，体现了这一媒体形式极强的互动性。另一方面，随着现代化信息技术的不断发展，人民群众已经不再只能被动地接收信息了，而是转变为主动的选择信息，所以只有能够吸引人们注意力、引起人们兴趣的信息才会被其主动选择。因为这个特性，只有可以打动人心、内容深刻的作品才能被人们选择、获得人们的认可。在创作公益微电影时一定要谨记这一点，只有用心做作品才会被群众选择，才能达到弘扬优秀思想道德风尚的目的。

（4）利用其便捷性，做好宣传

随着人们生活节奏的不断加快，面对激烈的竞争环境和较长的工作时间，人们的闲余时间呈现出碎片化的趋势，人们可以自由支配的时间都是零散的，人们只有在这些碎片化的时间内接收和传递娱乐信息。而微电影的传播方式就可以充分利用人们零散的闲余时间，微电影通过智能手机、计算机、户外电视等终端设备进行播放，可以便捷地满足人们的观影需要，同时具有很强的开放性。微电影的时长很短，往往几分钟就可以观看一部故事情节完整的影片，同时影片的观影地点具有流动性，可以更加便利的满足人们的观影需要。在这个时间碎片化的时代，微电影的出现为相关部门进行思想政治宣传提供了一个十分适合的平台，通过这种方式可以有效地利用人们的闲暇时间传播正确的思想道德观念，开展思想政治教育。

2. 运用微电影弘扬主流价值观方式思考

（1）提升专业化水平

微电影如果想保持持久的生命力，就需要向更为专业化的方向发展，而其中提升专业水平就成了专业化的关键。为了提升微电影制作的专业化水平,应该培养和配备更多专业化人才,组建专业化的团队。专业化团队的建设要注重两个方面:一是注重团队成员的专业能力提升,要全面提升微电影制作的能力和质量;二是注重团队成员的思想建设,要保证团队成员有正确的思想道德观念,只有这样才能创作出弘扬优秀精神的作品。

公益微电影持久的生命力需创作人员对当前的主流价值观念有充足的把握,因为只有符合主流价值观念,弘扬优秀道德品质的作品才能取得人民群众的认可、获得持久的生命力。

(2)建立标准化规则

对于微电影的管理,还没有标准化的体制,为了保证行业的稳定发展,应该注重监督管理。为了公益微电影可以得到更好的传播效果,相关部门应该为其提供更多宣传渠道,扩大受众面积。同时,在安排影片的介绍排版时,应该将内容和主题有一定教育作用的影片排放在显著的位置,吸引人们的注意力,从而起到加大宣传力度的作用;而对于那些内容低俗的作品应该加以处罚。建立科学的监管制度,帮助行业建立良好的行业氛围,只有这样才能充分发挥公益微电影对优秀思想道德品质的宣传作用。

(3)坚持精品化路线

因为时间限制的问题,微电影必须在很短的时间内吸引观影者,让他们对影片产生兴趣,如何充分合理的使用时间就是关键,想要做到这一点创作团队就要在内容设置方面下更多功夫。首先,应该专注于影片的主题选择,能够引起人民群众共鸣的主题是关键,将生活中的细节放大变成影片的主干,通过亲和性的影片进行公益宣传,努力将公益微电影制作走向精品化。其次,影片应该根据想要表达的主题,想要宣传的优良品质,选取平凡人的不平凡的事迹展开叙述,通过这种真实性很强的故事唤起人们的共鸣。同时还可以将学生作为公益微电影的主角,这样更贴近青少年的实际生活,更容易使他们受到感染,可以通过影片更为生动形象的向他们开展思想政治教育,引导他们树立正确的价值观念。

第四节　教学软件及其制作

教学软件是教育者开展教学时的辅助工具,它可以帮助教育者更好的表现教学内容,是当今开展教育中不可或缺的一种软件。现在所说的教学软件一般是指多媒体教学软件,这是一种混合运用文字、图片、音频、动画等多种媒体,以计算机为主要操作核心的交互式教学软件。多媒体教学软件可以利用超文本技术和媒体手段,并且可以按照设计者的思维模式进行交互式的信息处理。在现代教学中,使用多媒体教学软件进行教育已经成了教育者的基础能力。多媒体教学软件拓宽了教学的方法和思路,同时提高了教学的质量,帮助学生在学习过程中更好的理解和消化知识,提高了教学效率。

一、多媒体教学软件的设计

(一)多媒体教学软件设计的原则

1. 教育与科学原则

第一,在进行教学软件的设计时,应该充分考虑教学的方式方法、教学的目的、教学的对象,因为这些因素的不同会很大程度影响到软件设计,不合适的教学软件并不能起到良好的教育辅助作用,反而会引起事倍功半的反效果。同时,在进行教学软件设计时,要注意对教学内容的编排,考虑重点与难点的运用关系,以便制作出更容易被学生吸收知识的软件。

第二,多媒体教学软件可以运用多种媒体进行设计,所以在软件设计时应该充分利用这个特点,将软件的内容设计得更为生动,用这种方式引起学生的兴趣,从而提高他们的学习积极性,以此进行高效教学。尤其是现在的媒体资源越来越多,设计者可以尝试将更为新颖的媒体资源融入其中,提升软件的生动程度。

第三,教学软件内容要确保正确和科学,这是通过软件进行有效教育的基础,如果不能保证这一点,那教学的质量更加得不到保证。进行教学的出发点就是为了使学生掌握科学、正确的知识,如果连内容的科学和正确都无法保证,那么这种教学软件不可能发展下去,只会被淘汰。

第四,要重视教材的典型性与代表性;在设计和制作模拟动画时不能忽略科学性,动画要符合科学理论;注重表达方式的多样性和科学性,通过分类、比较、归纳、分解等手段进行表达。

2. 集成原则

多媒体教学软件可以对多种信息进行集成处理,使它具有很强的表现力和感染力。集成性不是指将多种信息进行简单的堆砌,而是按照具体要求对不同信息进行有序的集成处理,而对不同的媒体信息会有不同的要求,要按照这些要求对信息进行分类和处理。

3. 互动性原则

教学软件是辅助教师进行教学的,为了达到更好的教学效果,应该重视软件与学生之间的互动性。将这些理论上的知识、学习目标等进行感性化处理,加强互动性,使学生可以更好地理解和接受教学内容,营造出更舒适的教学环境,提高教学的真实性和交流性。

(二)设计软件时需要注意的问题

一般教学软件都是教师进行操作,所以应该充分考虑软件的可控性和易操作性,这样可以避免教师进行软件操作时浪费过多时间而影响教学效率。首先,多媒体教学软件应该保证安装和运行的简单快捷,避免复杂的操作浪费时间。其次,多媒体教学软件的操作界面应该设计简洁,在明显位置标明操作方法和用途,保证教师进行操作时可以快速适应软件。最后,要注意软件的稳定性和运行平台的兼容性。保证软件在运行过程中不会出现死机、闪退等问题,并保证可以简单退出和重启软件;注重软件与搭载平台的兼容性,尽量做到多媒体教学软件的无关性。

二、多媒体软件的制作

(一)系统分析、脚本创作以及程序设计

系统分析,是指对多媒体教学软件进行科学有效的分析,以保证开发工作的有效性。进行系统分析是为了有效发挥计算机优势,以提高软件的教学效果。系统分析包括需求分析、教学内容分析、资源分析。

脚本创作是进行多媒体教学软件制作的重要环节,进行脚本创作时要充分考虑教学需要,根据主题安排和组织内容。脚本创作一般可分为两种,即文字脚本和制作脚本。

程序设计,是指通过程序开发软件进行教学软件计算机程序编写,这个步骤一般由专业人员进行操作。如果非专业编程人员进行程序设计,可以通过 Power point 和 Authorware 两类比较简单且实用的软件进行设计。

(二)文本素材的制作

多媒体教学软件中的文字设计应该根据具体情况进行调整,要注意在设计字幕时不要使用过大的字体。根据文本字数以及背景颜色,设计字体大小、字间距、行间距以及字体颜色。通过合理的设计文本方案使教学软件易于观看,同时还可以引起学生的兴趣,从而提高教学的质量和效率。

(三)图片以及动画的制作

多媒体教学软件的优势就在于可以运用多种媒体资源进行

软件设计和制作,在进行软件制作时,为了使软件内容更为生动有趣,应该加入一些图片和动画,这样既可以吸引学生的注意力,还可以提高教学质量。在进行图片和动画的制作时,应该注意要适量、适当,并且要注重这些媒体资源的相关性和科学性,运用合适的图片和动画可以帮助学生更好地理解和掌握知识,是一种非常好的媒体资源利用方法。

第七章 "互联网＋"视域下思政课考试方式与教学评价体系改革

随着互联网信息技术的发展,教育呈现出信息化趋势,思想政治教育教学也出现了相应改变。互联网信息技术对于思政课的考试方式与教学评价体系产生了一定的影响,想要保证教育的有效性,就要保证教育的与时俱进。所以为了保证思想政治教育的时效性,就应该保证当前的思想政治教育的考试方式与教学评价体系都要符合互联网时代特征,逐步实现信息化、现代化。

第一节 思政课考试方式改革

网络技术的发展对各个方面都产生了影响,思政教育方面也受到了影响。在"互联网＋"视域下的思政课考试方式发生了改变,从传统的考试方式向网络考试的方式开始转变。

一、实施网络考试是深化思政课考试改革的新取向

(一)提高思政课考试组织的效率

传统的思政课考试一般是由学校教务部门和思政课教学单位合作组织考试,通过纸质试卷进行考试,阅卷工作也是由教师进行人工阅卷的。可以看出,传统的思政课考试从准备到考试再到阅卷,都需要投入大量的金钱、时间和精力。除此之外,这种传统的考试方式出现差错的可能性比较大,如阅卷评分累计错误

等,这会影响考试组织成效的提高。

网络思政课考试可以大大提高考试组织的效率。通过网络平台,可以直接建立考试题库,简化了考前准备工作;可以对课程和考试信息进行实时动态更新;考试的阅卷工作可由计算机承担,减轻了阅卷负担、提高了阅卷效率。通过网络考试,学生可以在考试结束后直接获取考试成绩,并得到详细的成绩分析与试卷评估,同时,电子化阅卷可以大大减少阅卷时出现的阅卷错误几率,很大程度上提高了考试的阅卷效率。在进行考试界面设计时,可以添加一些提示项目,例如,提醒学生注意保存答题,可以避免学生因为马虎而引起的失误。

由此可见,思政课网络考试相较传统考试方式具有很多优势,可以很大程度上提高思政课考试的效果性和公平性。

(二)促进高校思政课教师专业能力的提高

想要进行思政课网络考试,首先要建立思政课网络考试题库,并且题库中试题的数量要达到一定的要求,不然不能做到试题的随机性。一般来说,高校进行思政课网络考试,题库中的试题至少应该达到 800 题,这样才能保证随机组卷。在传统的思政课考试中,试卷的试题数量在 40 题左右,并且一套试题可能会沿用几个学期甚至几年,如果用旧试题编辑试题库,那么试题库中的实体数量肯定不足。传统思政课考试试卷一般由少部分老师进行制卷,剩下的大部分老师可以直接使用制成的试卷进行考试,长期采用这种模式会影响思政课老师教学素养的提高,同时会对教学质量产生不良影响。

推进思政课网络考试的落实,可以促进思政课老师教学活动的改革。推进网络考试,首先要制作试题,建立题库,而这是一个十分巨大的工程,不可能仅靠 1~2 位老师完成所有出题任务,这就要求所有思政课老师都要参与到题库建设的工作中。在建设题库的过程中,一方面可以加强教师间的合作与交流;另一方面还可以促使教师更深入的研究教材,对提高教师的个人专业素养有很重要的促进作用。同时,思政课网络考试还会使思政课教师的网络信息技术水平得到进一步的提高。

(三)促进高校思政课考试的进一步创新

考试是对学生的一个学科的学习成果的重要检验方式,教学管理部门和老师都很重视。近年来,思政课考试在考试改革上也有所努力,但大部分改革局限在传统考试的局部革新,并不能用新颖的形式和高效率吸引教师和学生,这种考试改革的滞后性严重影响了高校思政课教学改革的推进。推动思政课网络考试的落实,将传统考试模式与现代化互联网技术有机结合,实现了本质上的考试方法的创新,一方面可以激发教师参与高校思政课考试的改革和创新,另一方面可以引起学生对考试的热情。教学改革是一个联动状态,通过考试方式的创新改革可以推进整个学科教学的创新改革,从而可以提高教学的水平和质量。

二、目前高校思政课网络考试存在的问题

随着网络考试的推广,许多学校都开始尝试思政课网络考试。随着网络考试的落实和探索,目前也出现了问题,想要进一步改革和推动网络考试,就要对这些问题进行分析和解决。

(一)网络考试系统开发和维护不足

思政课网络考试需要利用网络平台进行,这就要求学校要建立思政课网络考试系统。一般情况下,学校都会与互联网公司合作进行考试系统的开发和搭建,因为思政课教师一般不具备自行搭建网络考试系统的能力。但是,互联网公司虽然具有开发和搭建网络考试平台的技术能力,却不了解思政课课程性质和考试价值理念,一般只会根据校方提出的技术性要求进行平台搭建,不能根据学科的特点进行前瞻性和拓展性的开发。互联网公司可以保证学生通过他们搭建的网络考试平台顺利进行考试,但不能

保证平台可以满足更多相关性研究的需要。

除此之外,思政课教师平时的工作任务繁重,没有多余的时间和精力去管理和维护网络考试平台,一般互联网公司也不提供后续的相关维护工作。这就影响了网络考试系统的升级和改造,同时还会为网络考试系统带来安全隐患,可能影响到今后网络考试的质量,甚至可能降低网络考试的公正公平性。

(二)网络考试试题题库建设不健全

目前的网络考试系统还不能智能地进行主观题的自动批改,所以网络考试试题一般全为客观题,而客观题主要考查的是学生的理论知识的记忆程度和简单知识的理解能力,缺乏对学生的知识实际应用能力、实践创新能力等方面的考查。在进行思想政治教育时,教育的目标不仅仅是帮助他们掌握理论知识,更是培养他们的知识运用能力,帮助他们通过对知识的理解建立正确的世界观、人生观、价值观,所以目前的网络考试的考察范围与教学目的还有很大差距。

在目前已经开始通过网络平台进行思政课考试的学校,存在题库试题不充足的情况,无法满足一人一卷随机组卷的要求。并且,目前的思政课网络考试的试题库缺乏针对性,全校所有学生,不分科系全部使用同一个题库,这就降低了考试的客观公正性。学校应该根据不同的专业背景和知识基础,进行试题库分类,根据学生的情况制定个性化的考试试题,这样可以更加科学的反映学生的真实水平。不恰当的试题可能会打击学生的学习积极性,也不利于培养学生的个性化发展,从而会降低思政课的整体教学质量。

(三)网络考试信息深度分析和运用不充分

目前,思政课网络考试已得到许多高校的关注和使用,不仅领导、相关教学管理部门和信息技术中心高度重视,思政课教师也积极参与,但是,对网络考试中产生的数据信息的深度分析和运用却并没有引起教师和相关部门的重视,网络考试更多的是体现在考试手段和形式上的改变,没能为后续教学改革和教学管理提供更多的借鉴和反思。目前,思政课教师在考试结束后进行考试分析时,对考试信息的分析仅仅局限在数据备份、查询和简单的统计分析阶段,并没有进行进一步的考试数据分析。没有对网络考试信息进行深度分析,便不能促进教学改革,反而造成了大量数据信息资源的浪费。教师应该对网络考试信息进行进一步分析,将其作为改进教学的关键资料,为相关管理部门提供有意义的参考和建议。

三、完善高校思政课网络考试的策略建议

(一)重视考试系统的开发和维护

为了推进思政课网络考试的顺利落实,学校必须重视网络考试系统的开发和维护,学校应该在原有教师和管理人员的基础上进行适当调整和组合。可以通过对校内网络技术掌握的较好的教师进行相关培训,使他们具备开发和维护网络考试系统的能力;或者可以引进软件开发人才进行专人管理;又或者可以与网络公司进行合作,通过网络公司开展平台的开发和维护。

学校要将网络考试系统的开发和维护工作作为高校思政课教学改革工作中的重要部分,给予相关人员适当待遇和权力,以此调动参与人员的积极性。除此以外,学校要重视对全体思政课教师的网络技术能力的培养,以便他们可以更好地适应网络考试的新形式。对教师的网络技术能力培养有很多方法,可以邀请专家到校为教师进行培训,也可以开展教师在校外的技术培训,可以采用集中培训的方式,也可以采用分期分批培训的方式。将教师的网络技术能力纳入教师能力评定系统,使网络技术能力成为评价教师教学能力的一个因素,以此保证高校思政课网络考试的效率。

（二）教师全员参与试题编写

思政课网络考试试题库建设是一个庞大的工程,应该充分调动全体高校思政课教师的积极性进行试题库的建设,在建立试题库时,应该进行协同分工,通过集体的力量共同攻克重点和难点。试题的编写要遵循高校思政课课程理念、课程内容逻辑体系、考试命题原则,进行科学合理的试题制定,同时要更注重命题的创新,不能只注重理论知识,要结合实际注重对知识运用的考查。例如,可以将社会热点问题和学生生活中面临的实际问题融入试题编写中,使思政课网络考试的重点相较传统的思政课考试有所革新。按照任教的课程,可以将教师进行分组,这些教师可以按教材章节分工编写试题,并定期进行研讨会组成题库,同时,试题不可以一成不变,应该逐年增添新的内容,淘汰过时的内容,以保证题库的时效性。因为网络考试的系统目前无法实现智能的对主观题进行阅卷,所以教师要在客观题的基础上丰富试题的背景材料,通过添加图片、音频和视频等材料,扩大考查的方面,可以对学生阅读材料、捕捉信息、提出问题、分析问题和解决问题的能力进行相应的检测。因为目前我国高校思政课教材统一,所以在建立网络考试题库时,可以与其他学校进行合作,这样可以适当的缓解教师的压力,同时还可以获得更多命题思路,合作建立题库再进行资源共享。除此以外,为了更全面的检测学生的学习成果,可以在进行网络考试的同时,采取适量的案例分析、调查报告、小论文等方式测评学生的知识运用能力,通过客观题与主观题相结合,网络考试与传统考试相结合的方式,完善考试系统。

（三）激发教师运用网络考试信息

在实施思政课网络考试后,相较传统的纸质考试,考试资源和考试信息存储上有很大优势,思政课教师可以通过网络考试系统及时进行考试数据的相关研究和分析。为了充分利用网络考试信息资源,应该激发教师运用网络考试的信息,通过对考试信息数据的分析为今后教学的发展方向提供科学有效的支持。学校的相关部门可以要求教师按照考试信息数据对试题的难易度、学生对知识的理解与应用、不同科系学生的差异等方面进行具体的研究和分析,并定期向管理部门和组织提交研究报告,使网络考试真正发挥其作用,促进教学的整体改革与创新。同时,也可以依托学校等各级各类教科研研究项目,激励教师进行有计划有步骤的研究探讨,促进教师将教学、考试和研究有机结合,不断提高教师的专业综合素养,使思政课通过网络考试的方式激发学生对课程的兴趣,并从中得到帮助。

第二节　思政课教学评价体系改革

思想政治教学评价是思想政治教育教学中重要的一个环节,它可以帮助评价对象明确自己在教学中的表现,并根据评价结果对自己的行为进行完善与改进,从而提高自身教学水平与教学效果。随着互联网技术的发展,思政课教学评价体系为了保证其时效性也应该做出改变,改革才能使教学评价体系发挥其真正的作用。

一、思政课教学质量保障

随着社会进步和社会主义建设事业的高速发展,目前社会各行各业对人才的个人素质要求也越来越高,为了符合新时代的要求,学校应该加强对学生的思想政治教育的强度与质量,帮助学生可以更好地适应社会。为了保证思政课的教学质量,应该建立科学合理的思政课教学质量评价体系,其中教师的个人思想政治素质和教学水平是关键,保证了教师的思想和教学水平才能提高思政课教学水平,才能实现教学质量管理的目标。教学质量是教育的关键,是教育发展的核心,不论什么阶段什么科目的教学都要注重质量,但对于不同的学科和受众,应该采取不同的教学质量标准,以便更科学合理地制定教学目标,达到良好的教学效果。

(一)思政课教学质量评价体系

1998年在巴黎召开了首届世界高等教育会议,会议上通过的《21世纪高等教育展望和行动宣言》中提到,高等教育的教学质量并不是简单单一的概念,而是一个涵盖了多方面的多层次的概念,在进行教学质量的衡量评定时,应该考虑到教学的多样性,不应该采用统一的衡量标准,应建立多样化的评价系统。对于国际上对高等教育质量的认识,有学者将其总结为五点,即高等教育质量就是创造例外;高等教育的质量就是达成标准;高等教育的质量就是满足期望;高等教育的质量应该"物有所值";高等教育质量是一种学生改造过程。传统的教育教学质量仅是对教育水平和效果进行判断和评价,而新时代的教学质量是指教育满足社会和个人需要的程度,也就是说新时代的教学质量包括教育对社会、经济、国家和个人等方面的满足程度。

教育是一个动态的过程,根据时代背景和相应的社会要求的不同,教学质量的要求及衡量标准不同,要想与时俱进地发展教育,就应该按照符合时代要求的标准对教育质量进行衡量和提高。党的十七大报告制定了"优先发展教育,建设人力资源强国"的战略目标,并提出要提高教育质量,提高人民群众对教育的满意度。

我国国家长期教育改革和发展规划纲要(2010—2020)中对高等教育质量提出了明确的目标要求,指出高等教育的作用在于培养高级专门人才、发展科学技术文化、促进社会主义现代化建设。发展高等教育的关键在于提高教学质量,只有这样才能达到教育强国的目标。按照规划的设定,到2020年,我国高等教育的结构会更加科学合理,对人才培养和科学研究的水平也会进一步提高,高等院校会整体发生一个质的提升,同时会有一批高校达到或接近世界一流高等院校的水平。明确人才培养是高校教育的首要任务,高校应该注重学生的全面发展,培养出知识丰富、专业技能优秀、思想道德良好、具有创新精神的人才。同时要加强对教学的投入,要将教学质量作为教师考核的重要指标,合理安排教师授课提高整体教学水平。要注重对学生的实际操作能力的培养,加大对实验室、实习基地等设施的建设,为学生提供良好的学习环境。深化教学改革,进一步完善学分制度,推行个性化的弹性教学机制,加强学科全面学习。全力支持学生参与科学研究等实践活动,以此加强学生的知识运用和问题处理能力。同时应该加强对学生的就业、创业指导,实现个性化的专业辅导,加强学生在社会中的竞争力,为他们将来的发展提供更好的服务。要建立健全教学质量保障体系,提高对教学质量水平的评价管理,深化教育改革。还要注重激发学生的自主性和积极性,使学生可以自觉主动地投入学习,形成良好的学习气氛,提高学生的自学能力,促进学生间的学习交流能力,帮助学生实现全面发展。

教育质量的核心是教学质量,即促进学生的全面发展。在当今这个时代,不论任何领域的教育,教学评估都是十分重要的部分。教学评估可以有效地对教育教学的实际情况进行反映,其中包括对教学的状态、质量、水平的评价,相关政策方针的履行程度的评价,对学生学习水平的评价,教师进行教育的有效性的评价。教育教学评估的结果,可以有效地反映学校的教育水平,根据评估结果可以进行科学合理的教育教学管理,提高学校的教学和教学管理的水平。《关于实施高等学校本科教学质量与教学改革工程的意见》(教高[2007]1 号)和《关于进一步深化本科教学改革全面提高教学质量的若干意见》(教高[2007]2 号)两个文件中强调了目前的主要教学目标,即学校的根本任务是培养高素质人才,学校可持续发展的核心是教育质量,学校的中心工作是教学。1 号文件中对教学质量的提高提出了具体的要求和措施,这意味着国家的教育"质量工程"正式启动;2 号文件则将重点放在教育理念的层面,就如何提高教学质量、深化教学改革、进行质量工程建设提出了 20 条具体意见。

(二)构建思政课教育教学质量评价体系的研究依据

思想政治理论课作为高校的一门必修课程,肩负着对大学生进行系统的马克思主义理论教育的任务,学生主要是通过思政课进行思想政治相关知识的学习的,这门课程可以帮助学生树立正确的世界观、人生观、价值观,端正他们的思想态度。我国思想政治理论课,结合了马列主义、毛泽东思想、中国特色的社会主义理论以及科学发展观,利用这些思想理论对学生进行教育,帮助学生利用思想政治课学到的知识武装自己。

《中共中央国务院关于进一步加强和改进大学生思想政治教育的意见》中提出,应该充分利用课堂教学的作用,使其成为大学生思想政治教育的主要组成部分。对大学生进行思想政治教育的主要途径就是思想政治课,所以思想政治课的教学质量是提高学生思想政治水平的关键,同时也是保证学校生存和发展的重要环节。目前高校思想政治教育面临着很明显的问题,就是如何适应当今时代的要求,加强思想政治理论教育教学。对学生开展思想政治教育,要保证教学的质量,保证思想政治知识能被学生理解,并促进学生实际应用理论知识的能力。所以,如何提高思想政治教育的教学质量就是关键。

随着社会的发展和时代的进步,思想政治教育教学必须跟上时代的脚步,从教学的内容体系、方式方法、价值取向等方面进行改革创新,要拓展教学理论的领域,研究新的教学模式。为了提高教育教学质量,必须与时俱进地制定和完善思想政治课教学质量评价和管理体系,体系的建立必须遵循科学的身心发展规律以及道德形成规律。对思想政治课的教学质量评价与管理体系进行研究,可以帮助教育工作者进一步对思想政治教育进行了解,同时可以更好地满足社会对学生的思想政治水平的要求,可以促进学生的全面发展。同时研究和构建思想政治理论课教育教学质量评价与管理体系也是实现思想政治理论课教学目标的必然要求,是提高思想政治理论课教学质量的重要环节。

我国的思想政治教育主要通过课堂教育进行,通过课堂教学帮助学生树立正确的世界观、人生观、价值观是高校思想政治教育的关键,如何充分利用课堂与课本,成为思想政治教育的重要课题。但是,对学生的思想政治教育不仅发生在课堂上,在学生的日常学习生活中也应该注意相关教育,应该关心学生的思想动态,在他们学习和生活的各个环节中进行思想政治教育。因为思想政治教育工作是由多个环节组合而成的,每个环节之间都有所联系,相互影响。所以只重视课堂教学过程的监控和课堂教学效果的评价,却忽略整体思想政治教育的监控和评价,会导致教学评价结果缺乏全面性和科学性,得出的结果并不是准确的评价。

影响思想政治教学质量的因素有很多,包括教学计划和大纲的制定和执行、教案与教学资料的设计与使用、学生参与相关活动的情况、辅导员的工作情况等。在对思想政治教学质量进行评价时,必须将各种影响因素考虑在内,避免片面、不科学的评价结果。只有对全部思想政治教学过程进行评估,才能得到较为准确、客观的评价结果,按照这个评估结果进行教学工作的改进和创新,才能保证思想政治教学的进步。

1. 理论依据

(1)马克思主义认识论和教育观

教育教学质量的评价标准会随着不同的时代而变化,因为不同时代对教育的认识以及对教育的要求有所不同,这种变化是根据认识论而形成的。认识论是一门研究人的认识的本质及其产生发展规律的哲学理论,不同的时代具有不同的认识论思维范式,人们对教学的认识与要求也会受到思维范式的影响。近代高等教育很长一段时间都奉行知识本位,这种思想的关键在于知识的传承、延续和发展,在这种理念下,教育教学的质量通过对知识进行考查来衡量。随着时代的发展,现代价值认知发生了变化,这也引起了人们对教学质量评价标准的改变,现在的教学质量评价开始注重教学的公共实践和社会价值的体现。

我国当前的教学质量观是以马克思主义认识论和价值观为哲学依据的,马克思主义认识论和价值观科学地揭示了认识的本质、认识过程的特点及其规律和认识与实践、真理与价值等的辩证关系,揭示了实践是认识的基础,实践决定着认识的产生、发展,是认识的检验标准和最终目的。同时,认识对实践又具有能动的反作用。该理论还强调实践第一,提出认知通过实践与社会发展产生联系,实践使人们参与到认识的产生与验证的过程中。马克思主义认识论和价值观是我国教育发展和人的发展的重要科学依据。

(2)科学发展观

中共十六届三中全会上提出科学发展观的概念;中共十六届五中全会中强调要全面贯彻落实科学发展观,以科学发展观为主导建设现代化经济社会;党的十七大报告中强调了教育的重要性,提出要优先发展教育,对教育的重视提到了一个新的高度。以科学发展观为指导构建思政课教学质量评价体系,必须深化课程和教学改革,一方面,要科学合理的对教学目标、内容、模式和方法等方面进行设计规划;另一方面,要以人为本,教育的对象是学生,要以学生的需求作为根本。明确教学目标是提高学生的思想政治理论水平、思想道德素养以及实践创新能力,应该将思想政治课的课堂教学与课外实践有机结合,要充分调动各方资源进行科学合理的资源配置,为开展思想政治教育创造良好的环境,通过各方共同努力提高思想政治教育教学质量的整体水平。

2. 政策依据

目前,已经出台了一些法规和政策对我国高校教学质量标准进行了规定,其中包括《中华人民共和国学位条例》和《中华人民共和国高等教育法》,还有一些教育方针和政策,以及国家教育行政颁布的各类教学工作指导性文件。通过这些法规和政策对我国高校的教学质量管理、评价和监控确定标准。

　　近年来,我国不断开展教育体制的改革,并且国内的办学条件也在不断改善和提高。党和国家也颁布了一系列关于高校教育的文件,其中很大一部分都是关于思想政治教育方面的,这些文件中提到了对教学质量的重视,这些文件是新时期加强大学生思想政治理论教学质量的科学依据。《教育部办公厅关于印发〈普通高等学校本科教学工作水平评估方案〉(试行)的通知》中对教学质量指标进行了较为详细的说明,《关于实施高等学校本科教学质量与教学改革工程的意见》中明确了"质量工程"的实施。要进行教学与人才培养模式的改革,进行教学评估的改革和完善,进行教材的改革,通过改革确定高校教学的全新方向,推动教学的全方位改革,营造良好的教学环境,建设科学合理的教学管理机制。《教育部 2009 年普通高等学校本科教学工作合格评估调研方案指标》提出,教学评估指标体系的根本可以总结为三点,即办学目标与人才培养目标的符合度;教学工作状态与培养目标的符合度;人才培养质量与人才培养目标的符合度。这三个符合度是对教学质量评价体系建设的根本原则,通过这三点可以对教学质量进行科学合理的评价。

　　中央陆续颁发《中共中央、国务院关于进一步加强和改进大学生思想政治教育的意见》(教社政〔2005〕5 号)、《关于印发〈中共中央宣传部、教育部关于进一步加强和改进高等学校思想政治理论课的意见的实施方案〉的通知》(教社政〔2005〕9 号)以及《关于进一步加强高等学校思想政治理论课教师队伍建设的意见》等文件,针对高校思想政治课教学质量提出了要求和目标,这也为建设思想政治课教学评价体系提供了政策依据。

3. 课程依据

　　每种课程都具备自己的性质,这种性质决定其教学指导思想、原则、方式方法以及教学质量评价体系等。我国思想政治课在不同时期展现出不同的性质和特点,其变化一直伴随着时代发展和马克思主义中国化进程。

自 20 世纪 50 年代,我国便开设了思想政治理论课程。2005年,根据相关政策,思想政治理论课分为四门课程,并成为高校必修课,四门课程分别为"马克思主义基本原理""毛泽东思想与中国特色社会主义理论体系概论""中国近现代史纲要""思想道德修养与法律基础",同时,还开设"形势与政策"课程,帮助学生了解最新的政治事件,帮助他们结合当前实际学习思想政治理论。这种全新的思想政治理论课课程设置,对学生的思想政治教育工作提出了全新的目标和要求,同时也促进了思想政治课教学质量的提高。

从思想政治课课程的发展和改革可以看出,思想政治教育想要实现可持续性的发展,就要根据时代的进步不停地进行调整,要使自身符合时代要求,反映马克思主义理论和实践发展的最新成果;要坚持理论与实践相结合,在进行思想政治理论教学的同时要结合实践活动进行理论运用的教学。思想政治理论课课程标准是制定思想政治理论课教学质量评价标准体系的核心依据。

4. 现实依据

我国高校思想政治理论课的教学现状与大学生思想政治理论水平和现实状况是制定教学质量标准的现实依据。目前,在新形势下,我国思想政治教育面临全新的挑战,这就要求对这方面的课题进行进一步研究。目前,随着经济全球化与信息技术的发展,我国思想政治教育面临着很大的挑战。一方面,互联网信息技术迅猛发展,信息全球化已经成为现在的发展趋势,通过互联网可以获取大量信息,这为人们的生活带来了方便,但同时也会造成一系列不利的影响。目前国际思想意识形态领域的斗争十分尖锐且复杂,学生通过互联网可以获取大量外来文化和价值理念,这其中就有一些不健康的价值,与这些理念接触会对学生的思想产生不利的影响,这就为学校进行思想政治教育加大了难度。另一方面,随着改革开放以来社会和人们生活的变化,人们的社会地位、生存方式、利益关系等也渐渐不再单一,而是愈加多样化,生活方式与理念的多样性和差异性也在不断变大。如何在这种背景下,帮助大学生树立正确的世界观、人生观和价值观,成了高校开展思想政治教育的关键性问题,提高思想政治教育的实效性是十分重要的环节。2004 年 8 月,《中共中央国务院关于进一步加强和改进大学生思想政治教育的意见》出台,2005 年 1 月在北京召开了全国加强和改进大学生思想政治教育工作会议,同年 2 月又颁布了《中共中央宣传部教育部关于进一步加强和改进高等学校思想政治理论课的意见》。这些文件就高校思想政治教育提出了要求,明确了教学质量在思想政治教育中的重要作用,同时提出要加强科学合理的思想政治课教学质量评价系统的建立和完善,从而确保思想政治教育的科学性和实效性。

我国一直很重视对学生的思想政治理论教育,并一直在这个方面有很大投入,不论是在队伍建设还是在资金投入都有很大的投资,但是,在实际操作的环节,思想政治教育还存在一些问题,表现在课堂教学和教学实效性方面。有一些学校的思想政治课教师队伍在学历构成、职称构成方面存在问题,师生比例也不科学,同时资金投入也不多,教师的工作热情不高;学生对思想政治课的兴趣低,不能做到积极主动进行学习,并没有用心,而是为了应付考试敷衍了事,并没有达到思想政治理论教育的目标;学生的理论运用能力差,只掌握了书本上的理论知识,而不能用这些理论解决实际问题,无法将理论运用到实际中,导致学生的全面发展受到阻碍,无法顺利建立正确的世界观、人生观、价值观,影响了他们未来的发展。造成这些问题的原因之一就是没有科学的教学质量评价标准和评估体系,为了更科学有效的开展思想政治教育,就应该建立科学合理的思想政治课教学质量评价体系,通过这个方法提高教师的工作热情,提高学生的学习积极性和主动性。

（三）思政课教育教学质量评价体系的现况

关于教育评价的理论模式有很多，但对教学质量评价的理论模式却比较少。教学评价是对教学成果的一个衡量，对教学达到的教学目标程度进行一定的判断，这是进行教学的一个基本环节。教学质量评价是指通过科学合理的标准，利用各种原理和方法，对教师的教学工作进行全面的考核和评价，并根据评价结果进行调整和改进，以此进一步提高教学质量。

教学评价的主要目的在于改进与调控教学，以促进教学质量的不断提高为核心，具有多种功能。教学质量评价是对整个教学过程及结果的评价，其中包括教与学，要对教学活动过程及所产生的各方面的结果进行整体评价。教学评价不能只看重教学的结果，更要重视教学过程，在关注教学成果的同时要注意教学过程。对教师进行教学评价，一方面是为了加强对教师及教学的监督、控制和管理，加强教学的实效性；另一方面是为了激励教师更好地开展教育，通过教学评价了解自身的优势与不足，不断的改进，以此提升教学水平，实现教学目标。目前，我国思想政治课实施新的课程方案，为了科学有效地对思政课进行管理，教学质量评价的重要作用就此体现。但现在我国思想政治教育课的教学质量评价体系还存在很多问题，不够全面、系统和科学。重点关注课堂教学质量的评价，却忽视了其他教育环节的评价；注重对学生考试成绩的评价，却忽视了对学生综合素质能力提高的评价。除此之外，还有一些问题值得注意，下面就几个具体的方面进行分析。

1. 重视程度不够

第一，一般情况下，学校对思想政治课教学质量的评价采用总结性评价方法，并且将注意力放在评价结果上，这无法全面的体现思想政治课教师的价值，从而会对他们的教学质量进行不科学、不全面的判断，进而会影响教师工作的积极性。同时，进行判断的方法和指标存在一定的问题,并不是标准化的,这就影响了教学评价的科学性。这样的评价方式很难起到激励教师工作的作用。

第二,一些教师与学生对教学质量评价不够重视,没有了解到评价工作的重要意义,在进行教学质量评价时,态度不够认真端正,并不能积极客观的对教师的教学工作进行评价,这就导致教师实际教学水平与评价不符,很多学校的教学质量评价仅仅是形式上的评价活动,有效度不高。

第三,目前的教学质量评价体系对于进行评价的人员没有硬性要求,只是在形式上要求评价者要公正公平,但一些人在进行教学评价时会带入个人情绪,导致评价结果不能客观、公正的体现教师的实际教学水平。尤其是进行学生评价时,学生往往会按照个人偏好进行评价,不能保证客观、公正地对评价主体进行判断。甚至有些学生会进行恶意评价,因为自身对教师的不满而不能公正公平的对教师的教育水平进行评价。一般学生通过填写教学质量评价表对教师的教学质量进行评价,这种评价表可以是纸质版,也可是电子版。教师教学质量评价表如表 7-1 所示。

表 7-1　教师教学质量评价表

一级指标	序号	二级指标	序号	三级指标	分值	得分
教学态度（20 分）	1	教书	1	备课认真,准备充分,精心组织教学	3(3%)	
			2	授课认真,精神饱满	3(3%)	
			3	作业批改及时,注意反馈信息	3(3%)	
			4	重视辅导答疑	2(2%)	
			5	上课不迟到、不早退,课堂上不做与教学无关的事	1(1%)	
			6	教态亲切自然,仪表得体	2(2%)	
	2	与学生相处	1	尊重学生,关心学生,对学生严格要求	3(3%)	
			2	注意师生之间的沟通与联系,经常听取学生意见	3(3%)	

续表

一级指标	序号	二级指标	序号	三级指标	分值	得分
教学目标（15分）	1	知识和技能	1	授课的内容明确，具体，符合教材要求	4(4%)	
			2	使学生确切地掌握所学知识和技能，并能够运用	4(4%)	
	2	学生实际及发展	1	正确认识学生的年龄特点和认知水平，以此制定教学目标	3(3%)	
			2	注重学生做人的品格和综合素质的培养	4(4%)	
内容（25分）	1	知识的讲授	1	突出重点、难点，讲授熟练、透彻、清晰	5(5%)	
			2	符合教学目标，深度广度适当，进度适中	3(3%)	
	2	技能的传授	1	技能与教学内容相照应，符合教学目标	3(3%)	
			2	技能确切，符合学生的年龄条件和认知水平	4(4%)	

第四，一般一名教师只担任少数几门课程的教学，一些课程的教学周期也很短，导致学生与教师之间的交流和接触很少，学生无法正确地对教学质量进行评价，甚至一些学生直接拒绝参评，这就导致评价结果缺乏客观性和公正性。

此外，教师间的评价也存在不客观的情况，向着"互利互惠"进行评价，却忽视了教学评价的真正意义。专家评价相对客观，通过一两堂课就会对教师的教学质量进行判断，使得专家的评价更多地本着谨慎的原则，评估往往出现严重的趋同性结果。专家在进行教学评价时，往往以鼓励为主，而对于真正的问题却忽略不提，这种评价并不具有效作用。

2. 反馈与沟通渠道不畅

现在许多高校都建立了教学质量评价体系和制度，例如，集体备课、同行和专家听评课、教学检查、教学督导、学生评价和定期考核等制度，但关于这些工作完成后的沟通和反馈却不及时，甚至不进行沟通和反馈。比如学生评价,教师得到的反馈往往只是得到一个评价分数,却无法得到学生对自己教学的具体评价,而这种反馈对教师提高自己的教学水平并没有什么作用。目前的评价反馈与沟通存在不顺畅的问题,使评价工作还是流于形式。

提高教学评价反馈和沟通的畅通性是提高教师教学水平的关键因素,教学评价不仅仅是为了对教师进行奖惩,这会大大降低教学评估本身的价值,使其重要作用无法体现。目前,高校课堂教学质量评价一般为一学期一次,专家、同行一学期进行一到两次集中听课,学生评教在期末进行,整体评估结果是将这些评价进行权数加总得出。教师得到的评价反馈往往只是一个分数或等级,却没有更为详细具体的评价信息,这导致他们无法正确把握自己在课堂中的教学表现,这种评价反馈无法为教师提升自己的教学水平提供实质性的帮助,违背了教学质量评价的根本目的。教学评价后的反馈和沟通是个双向的过程,通过双向沟通和反馈可以使教师对自己的教学效果进行深入研究,将多种评价进行比对,找到自己在进行教学时存在的问题,并根据问题进行调整和改进,从而提高自身教学水平和教学质量。

3. 科学性和可操作性有待提升

马克思主义人的全面发展理论和我国高等教育思想政治理论课教学目标是构建思想政治理论课教学评价体系的基本依据和价值取向。思想政治教育的目标比较抽象,根据这个目标制定的思想政治教育实践和教学评价目标想要做到科学、具体、可操作性强具有一定的难度。目前,大多数高校采用统一的教学质量评价标准,其评价程序和评价指标都是固定的,这种固定的评价标准无法体现不同学科、不同专业教师的个性所带来的特色与优势,会导致教学质量评价的结果不准确,从而会影响教师教学和教改的热情。统一的评价指标在进行统计时比较易于操作,易于量化,但这种固定的评价指标不能准确反映不同教师的教学优势和特色,往往会导致教师在教学中只注重以教学质量评价的设计指标去规范教学程序而限制了自身教学自主性和探索的积极性,这会影响教师建立个人教学风格和青年教师的成长和发展。

除此以外,评价指标的标准过于笼统,例如,一些评价标准只分为符合要求、基本符合要求、不符合要求,这样的分类方式过于泛泛。教学质量评价体系及其目标要求必须清晰、明确、具备较强的可操作性,只有这样才能保证教学质量评价的科学性,才能通过教学质量评价准确地反映教师的教学水平和教学成效。

4. 缺乏连贯性,评价方法相对单一

目前,大部分学校实行的思想政治课教学质量评价方法,是将学生对教师的课堂教学情况评价作为教学评价的主要依据,对教师同行以及专家的评价不够重视,而教师自评并没有纳入教学质量评价体系中。一般情况下,一学期进行一次教学评价,并且仅将评价分数或等级结果告知教师,缺乏连贯性分析,这种评价并不能客观、真实的反映教师的教学水平,并且评价的反馈并不及时,这种教学评价对教师的教学水平提高并没有太大作用。

(四)影响思政课教学质量及其评价的主要因素

1. 社会主义市场经济的挑战

改革开放和社会主义市场经济体制的建立为我国开展思想政治教育教学带来了严峻的挑战。

第一,改革开放使人们更多的接触到了西方社会思潮和价值观念,这对人们的生活方式、思维方式、价值观念等方面都造成了影响,尤其是走在时代前沿的当代大学生,他们在这些方面发生了变化,不论是生活方式,还是思维价值观念,都呈现出多元化的趋势。同时,随着社会转型,一些社会问题也相继出现,尤其是在党风、社会风气方面出现了一些问题,这些不良现象严重影响了学校对学生开展思想政治教育,因为现实社会现象与教材中提出的理论与思想有很大差别,学生无法在这种巨大落差中去真正理解教学内容,这种冲击使学生对教学内容以及马克思主义理想信念出现了质疑。

第二,社会主义市场经济的发展要求高校要培养高素质人才,其中就包括学生的专业能力。很多学校为了使学生可以符合当今社会的要求,在开展教育时过于注重实用性,却忽略了基础知识的教育。重视专业教学,轻视基础教学;重视实践、科研等实用性教学,轻视基础理论课教学。用这种教学方式开展思想政治教育教学会影响学生对知识的理解与掌握,同时会影响学生对思想政治理论课的态度。目前高校教育这种重视专业性的教育方式虽然对学生的发展有好处,但是应该在注重务实教育的同时注重理论教育。因为高校教育对学生英语能力与计算机能力的专业要求,导致学生的学习重点放在这些学科上,而不重视基础理论课的学习,对思想政治理论课这样的理论性课堂态度不认真,总是应付了事。

2. 教学实践中难以应用

我国思想教育有着悠久的历史和特色,党的思想政治理论工作和高校思想政治理论课也积累了丰富的内容和经验,为培养社会主义建设优秀人才做出了巨大贡献。思想政治教育可以保持生命力的关键就在于其内容的实践性、科学性和发展性。但目前高校教育出现了新形势,扩招与产业化对高校的思想政治教育产生了一定影响,导致教学实践出现缺乏生命力的现象。

产生这一现象的原因就是思想政治教育教学没有注重教学的时效性,在教学上没有做到与时俱进。我国高校思想政治理论课的教材还沿用很多年前的内容,这些教学内容并不具有时代性,课本内容严重滞后于社会发展现状。思想政治理论课教学内容和目标要求决定了其自成系统,要求一定的稳定性和连贯性,再加上我国过去的政治形势要求也难以及时更新,这就导致我国思想政治理论课教材的内容很难进行创新。虽然教学内容可以联系实际材料,但在这方面也较为慎重,对于一些社会主义建设中的重大思想理论问题教材无法及时给出答案,对于学生提出的关于当前社会中的一些问题也无法做到及时的引导和教育。"05"方案的实施对我国高校思想政治教育产生了影响,教材内容进行了一系列的调整,加强了整体性和连贯性,但是目前方案的落实方面还存在很多问题,例如,课时减少、教学评价体系不完善,这些问题导致方案实施带来的优势与作用不能很好地展现。

3. 自身建设困难

当今是信息化时代,信息技术和互联网技术不断发展,人们可以更加方便快捷地获取和传递信息,这就使得大学生可以更为轻易地获取大量信息。开放性的网络环境,使学生获取的信息很难经过过滤,这就要求学生自己对信息进行整理和分析,但学生在这方面的能力并不成熟,这就导致一些学生的思想越来越复杂,而目前思想政治理论教育教学评价的要求和手段却没有进行很大调整,对学生的这种思想变化不能及时的做出响应。

有些思想政治理论课教师在教学时只对教材内容进行讲解,教学目标与计划仅仅局限于完成教学任务,不能结合学生的实际情况进行教学。只注重理论教学,不结合实际案例,不联系学生的实际情况,这种教学方式不能建立教师与学生之间的良性关系,导致学生对课堂没有兴趣,从而对思想政治理论的课堂学习态度不认真。基于此,很多学生开始通过其他途径对思想政治进行了解,而且主要是通过互联网,但互联网上的信息很复杂,有一些负面思想和所谓"现实主义"论调也会出现在互联网上,这些观念观点会影响学生的判断,导致思想政治理论课进一步被忽视甚至无视。

二、基于有效性提升为目标导向的高校思想政治教学评价变革

(一)高校思想政治教育有效性评价变革的前提

信息化时代背景下,思政课教学评价应该具有时效性,与时俱进地反映目前国家对思想政治教学的要求,反映信息社会变化对高校思想政治教学的要求,反映信息时代高校思想政治教学的内外生态特点与规律,同时,还要注重思想政治教育教学的工作核心与关键,关怀学生群体目前的思想和行为状态,强化教育评价手段科学性与可操作性相结合的原则,坚持教育评价指标定性与定量相结合的原则,坚持教育评价过程与评价导向相结合的原则,对高校思想政治教育过程和结果进行科学评价。

1. 强化评价手段科学性与可操作性相结合的原则

进行思想政治教学评价时,应该结合现代化的互联网信息技术,在传统教学考评的基础上,建立信息化教学评价平台,将定性事实评价与定量评价相结合,更为全面地进行数据统计与整理,加强教学评价手段的科学性与可操作性的结合。一方面,应该根据当前时代的高校思想政治教育实践特点对教学评价标准进行科学合理的分解,依凭信息化教学评价平台,通过分类标识、定期报送和系统分析等方式强化评价手段的科学性。另一方面,在进行思想政治教学现场考察时,应该利用现代化信息科技手段,开发数字化软件应用到考察过程中,并与其他现场调研方式进行有机结合,进行科学合理的思想政治教学现场考察。

2. 坚持评价指标体系定性与定量相结合的原则

信息化条件下,立足于有效性提升为目标导向,坚持评价指标的定性与定量相结合的方式,是高校思想政治教育评价变革的重要原则之一。为了保证思想政治教学评价的科学有效性,应该

采取定性与定量相结合的评价指标体系,但为了更为简单直接的进行教学评价考核统计,应该尽量量化评价指标,对于那些不可以量化的评价指标应该通过评估专家提供的相关材料进行评定。这个过程实际上是将可以衡量思想政治教学水平和效果的事件和指标进行显性转换,使教学评价变为显性、可视、可测的内容,这个过程是将定性与定量有机结合,并根据评价动态数据和可追溯性的事实实现的。可以对思想政治教育教学进行评价的内容包括思想政治教育教学过程、思想政治教学客体的反映、思想政治教育教学的社会效果等,通过定性与定量对这些内容进行处理,从而对思想政治教学进行科学合理、公平公正的评价。

3. 坚持评价过程与评价导向相结合的原则

在信息化时代背景下,思想政治教学评价不仅要重视对动态的思想政治教育教学过程的考查,同时要重视对思想政治教学效果的评价,要将教学过程与教学效果相结合进行教学评价。基于有效性提升为目标导向的高校思想政治教学评价改革,应该从思想政治教育教学的核心与关键进行教学评价,为了提高评价的针对性设置相应的评价指标,同时应该加强评价结果的调节性与导向性,这样可以使教学评价对象对自身教学工作进行更为明确的了解,帮助他们明确接下来的教学目标和方向,方便他们对当前的教学内容和方式等方面进行改进,建立评价和诊断相结合、评估和导向相结合的评价体系。

(二)高校思想政治教育有效性评价变革的重点

美国哲学家斯克雷斯在 1967 年提出观点,认为评价具有两大功能,即"形成性功能"和"总结性功能",这一观点得到了教育界的认可和应用。在"互联网十"视域下进行思想政治教学评价应该也分为两个层面,即形成性评价和总结性评价。思想政治教学形成性评价是指在开展思想政治教育的过程中,有计划和有针对性地测定和评价一定阶段高校思想政治工作目标的实现程度,并根据测定与评价的结果及时地对思想政治教育的计划与实施进行反馈与修改的过程。思想政治教学的主体可以根据思想政治教育形成性评价对形成性评价的教学计划进行制定和修改。思想政治教育总结性评价是指在一个教学周期结束时,对教学工作各个方面进行的整体性评价,其中包括教学质量、教学效果、教学价值等。思想政治教学形成性评价与思想政治教学总结性评价不是对立矛盾的,而是相辅相成的。思想政治教育教学形成性评价更注重评价的过程,强调教学的过程、动机、方法和效果的统一;思想政治教育教学结果性评价更注重对评价的整体总结,关注的是教育教学目标的实现情况。从思想政治教育教学的总过程来看,思想政治教育教学总结性评价对思想政治教育教学形成性评价具有重要的借鉴价值和指导意义。形成性评价为思想政治教学开展过程提供了调整与改进的依据,形成性评价可以及时地对教学过程中遇到的问题进行反馈,从而解决问题;总结性评价可以为通过教学达到的效果进行反馈,将教学成果显性化,只有通过总结性评价的这一特征才能使社会看到思想政治教育教学的作用与意义,从而得到社会的支持与理解。

传统的思想政治教学评价不能客观有效的反映真实的教学效果,缺乏切实、明确的评价方法。传统的教学评价存在很多问题,例如,目的不明确、主体过于单一、内容不具体、手段落后、功能狭窄等。在"互联网＋"视域下,应该建立以有效性提升为目标导向的思想政治教学评价体系,全新的教学评价体系应该是符合当前时代要求并遵循教育内在规律的。同时还要符合国家的教育质量工程要求,关注教学评价的科学性和易操作性。

1. 对高校思想政治教育边界的突破

长期以来,人们一般会认为高校思想政治教育工作仅仅是属于高校的教育教学职责,但随着时代的不断进步,除了高校以外还有其他的教学主体存在,这种思维方式会导致思想政治教学评价有局限性,使人们对教学评价的视线仅仅放在高校身上,而忽略了其他教学主体。随着互联网信息技术的不断发展,互联网与教育的结合产生了许多新兴教育产物,如虚拟大学。虚拟大学是建立在互联网信息技术上的全新教育机构,打破了传统高校在物理、地理以及心理上的诸多边界,具有了与传统高校完全不同的特征。因为这种全新的教育形式的出现,传统的教育边界发生了变化,教育边界已经不能用简单的高校界定了,与此相应的,思想政治教育边界的概念也发生了变化,为了更科学合理地进行思想政治教学评价,就应该用全新的视角去界定教育边界,用更加开放和开阔的视野去看待和处理在思想政治教育教学中出现的种种问题,并在此基础上再进行教学评价。高校思想政治教育评价要将相关党委、政府、高等学校和有关社会组织作为重要的评价对象,以提升高校思想政治教育有效性为目标导向,推动高校思想政治教育在更高层次上、更宽领域上与整个社会发展现状实现协调与均衡发展。

2. 对评价主体单向度方式的突破

一般情况下,高校思想政治教育教学评价主体主要是以高校的上级主管部门或者高校内部党委行政等职能部门为主,教学评价的方法也比较单一,一般都是由上至下单向性的总结性评价,这种教学评价方式使评价的过程与结果是闭合的,不够科学合理,不能全面地反映教学效果。在互联网信息时代,信息的获取与传播是更为开放化和多元化,这也导致思想政治教育实践方式也更为开放,这就要求高校进行思想政治教学评价时不能只采用闭合式的单调评价方式,应该更加注重评价的开放性和互动性。构建以有效性提升为目标导向的高校思想政治教育评价方式,这就要求与思想政治教育教学相关的各个主体充分发挥其各自的功能定位,这其中不仅包括相关党委、政府、高校,还包括家长、学生及其他社会群体,在进行思想政治教学形成性评价时,要尽可能发挥开放与交互式评价主体的能动作用,应该保证思想政治教学总结性评价是各个教学评价主体评价结果的有效统一整合。

3. 对评价方式过多依靠文字材料方式的突破

在传统的思想政治教学评价中,一般都采用文字材料的方式作为评价依据。一些教学评价对象可能会为了获得较好的评价结果而在评价材料上作假,这就会导致评价结果无法保证公平公正,评价对象的真实工作水平、能力以及效果不能得到正确反映,也就会使教学评价变为无效的评价,大大降低了教学评价的可信度。互联网信息技术的发展,为高校思想政治教育评价进行方式与方法的改革创新提供了有力的支持。现代化的互联网信息技术具有互动性和实时性的特征,通过这种技术可以帮助教学评价主体实时掌握评价对象的教学情况,这种考查方式可以改变传统意义上仅靠各类文字材料进行的评价方式,使评价更具有效性。同时,还可以在此基础上搭配其他评价方式,例如现场考察,这样可以进一步提高教学评价的科学性与可信度。以有效性为目标导向的高校思想政治教学评价方式改革必须突破传统过多依靠文字资料的评价方式,建立文字资料与现场实地考察有机结合的教学评价方法。

(三)高校思想政治教育有效性评价变革的路径

1. 推进准确把握评价对象和适用范围

信息化是当今世界发展的整体趋势,是我国经济加快发展和社会全面进步的重大战略机遇。为了与时俱进的发展教育,教育信息化成了必然选择,它是我国国民经济和社会信息化的重要组成部分。当前我国推行的教育现代化,就是以教育信息化为前提的,通过落实教育信息化带动我国教育的跨越式发展。相较于一些西方发达国家,我国的互联网信息技术起步时间较晚,但我国的互联网信息技术发展速度迅猛,目前我国的信息化程度相较以前已经有了飞跃式的提高。为了推进教育发展,并保证教育的与时俱进,符合当今时代特点的教育就应该实现教育信息化,经过了一定时期的高等院校信息化基础设施建设,我国高等教育信息化已经初现端倪,目前相关部门面临的最大问题就是如何科学合理地使用这些信息系统。高校教育信息化十分重视思想政治教育教学方面,对于其有效性评价必须符合当前高校信息化建设水平与阶段,要保证评价与现实的匹配,并根据区域的不同,进行有差别的信息化建设情况差异,准确把握评价对象和适用范围,这样才能保证对思想政治教学工作起到正确有效的引导作用,以及科学合理的教学评价。

2. 推进科学设置指标选项和评判标准

科学有效的教学评价具有导向性功能,可以引导评价对象的行为方向,这样的教学评价帮助教师对自己的教学工作进行反思与改进,可以提高他们的教学水平和教学效果,可以激发他们的积极性与主动性。现代社会对高校教育的要求与以往不同,高校教育旨在培养高素质并富有创造力的专业人才,应该促进大学生的自由全面发展,高校应该在此基础上进行思想政治教育,应该在此基础上选定评价指标选项和评判标准。同时,在设置评价的指标选项和评价标准时,应该依据信息化条件下高校内外生态环境的变迁,以及高校自身的功能定位。结合各个方面制定评价指标选项与评价标准,以此确保其全面性、系统性和科学性。除此以外,还应该考虑指标选项和评价标准的可操作性,因为在推进和落实教学评价体系的过程中,可操作性是十分关键的环节,这关系到高校教育信息化的实际应用情况,高校思想政治教学评价框架会在此基础上进行搭建。

3. 推进有效遴选评价实施路径

思想政治教学评价不是思想政治教学的目的,而是思想政治教育的重要环节,思想政治教学评价的真正意义和用途是以评价作为参考进行教育改革创新。信息化条件下,评价指标的科学设置与组织实施、评价路径的科学选择对高校思想政治教育评价结果的应用具有重要意义。评价实施路径有很多种。评价主体可以让高等学校定期或不定期提交相关的教育信息、动态、过程、结果等,通过这些信息及时掌握思想政治教育工作目前的整体状况与教学效果的现状;可以针对相关政府、社会组织、高等学校、师生群体等方面设计问卷,进行问卷调查,通过定期或不定期的抽样调查了解和把握高校思想政治教育工作的过程以及效果,了解评价对象教学工作的工作情况以及工作效果;可以组织相关专家组建专家组,定期或不定期地对评价对象进行实地查访,对思想政治教学实践工作中遇到的问题进行诊断并提出相关完善改进的措施方法,落实专家提出的整改措施后,专家组进行回访了解教学工作的推进与落实情况。从教学评价结果的角度来说,要保证其对思想政治教育教学工作中存在问题的诊断功能的可靠性,保证其在教育信息反馈系统中对于高校思想政治教育教学活动有序、有效推进过程中的导向功能,同时还要保证其对高校思想政治教育实践目标、措施和过程的调节与改进功能。

第八章 "互联网＋"视域下人才体系创新

随着"互联网＋"时代的飞速发展,互联网正源源不断地为社会创造出更多的机会,已经成为社会的重要推动力量,将教师与互联网进行有机结合,积极探索互联网环境下高校人才的培养,对高校学生就业和我国互联网经济的发展有着重要的意义。

第一节 "互联网＋"时代思政课教师队伍提升的重要性

素质培养区别于知识培养、技能培养,甚至有较大的差别。这种差别具体表现在:素质培养的整个过程都要把历史性、实践性体现出来,还应该适当把握和维护素质的整体性和全面性,这将是一个漫长的过程,需要教师队伍进行长久的实践工作,同时进行学习,也对教师队伍素质培养的措施、方法和路径选择发挥出最大的影响。

这表明教师队伍的素质培养是一项极其复杂的社会系统工程,需要长久的坚持不懈。

当前,提升教师队伍素质,应着力抓好以下几个方面。

一、转变思想观念,培养教师队伍的新理念新意识

(一)适应"互联网＋"时代,增强"四个理念"

1. 互联网理念

伴随着"互联网＋"时代技术的快速发展,各高校已经对思想政治教师互联网化逐步地展开实施。根据当前的教师形势来看,

各大高校也都意识到了,高校互联网思想政治教师不仅是高校学生占有思想政治教师内容的一部分,也属于学校教师管理的一个部分,学校校园文化更是如此。

教师队伍不但要有互联网观的意识,还必须是积极向上的。作为影响人类过程中一种新的实践手段、新的生存方式、新的体验方式来说,互联网有着它自身独特的功能、作用、本质及特征,然而这需要人类对它不断的探索并合理地掌握。作为教师队伍,必须清晰地认识到这一点,树立正确的互联网观意识。

2. 服务理念

大学阶段是高校学生思想和心理快速成长成熟的阶段,这个阶段高校学生的思想极易受到外界的影响。在互联网信息社会中,面对多元文化、思想意识形态、多元价值观特点的现实社会,高校学生的思想和心理在相关的程度上也将受到冲击。[①]

主动开展互联网思想政治工作,改变原有的工作态度和方法,坚持网上网下互动,实事求是地开展工作,使高校学生容易接受,给予配合,对"互联网＋"时代的高校思想政治教师工作也能够顺利开展。

此外,高校相关部门也要主动配合高校互联网思想教师队伍建立的校园文化,让学生在校园文化的积极熏陶下接受良好的思想政治教育,不断提高思想政治水平。

3. 民主理念

教师平等性主要体现在以下两个方面:一是受教师队伍的平等性;二是受教师队伍与教师队伍的平等性。在借助互联网的过程中,每个互联网用户都属于互联网的终端,教师队伍对受教师队伍进行相关的教师时,可以是点对点的教师,也可以是点对面的教师,在教师实施的过程中,受教师队伍具有平等性。

---

① 季海菊. 新媒体时代高校思想政治教育的解构与重塑[M]. 南京:东南大学出版社,2014,第266页.

另外,在"互联网十"时代环境下,教师队伍与受教师队伍之间的平等性也会常常发生某种程度上的倾斜现象。在互联网面前,由于在互联网上交流的双方或多方是平等的,教师队伍与受教师队伍之间的信息接收过程是平等的,可能会导致教师队伍所掌握的内容落后于受教师队伍,因此,教师队伍的权威受到挑战。

也就表明,教师队伍应合理对待自己的角色,不应表现出居高临下,应该树立民主化理念,尊重学生的主体意识,与学生共处于同一个平台上,做学生的良师益友,从而增强思想政治教师工作的亲和力。

4. 实时理念

"互联网十"时代是一个高速发展的信息时代,在互联网环境下更是如此。作为教师队伍来说,如何正确地把控和引导信息传播,会是一项即将面临的巨大挑战。

"互联网十"时代,大量的信息占据着网站的首页,很多信息被多次点击关注后成为焦点。高校学生是意气风发的一代,引起他们关心的热点问题在通过高速传播的互联网推动下,最终发展演变成群体性事件。面对社会热点问题的客观存在,要求高校思想教师队伍必须培养实时教师新理念。

实时地进行相关的关注,注重事态的发展,积极处理并予以合理的解决,把正面消息扩大其影响范围,把负面影响缩小甚至是消灭,保证不受其影响。同时,教师队伍应实时关注大学校园的动态,实时关注高校学生的学习与生活状态,及时解决出现的问题。

(二)适应"互联网十"时代,确立"四个意识"

1. 阵地意识

《中共中央关于加强和改进思想政治工作的若干意见》中明确指出:"在新的历史时期,思想领域的矛盾和斗争错综复杂,有时还表现得相当激烈,思想领域的阵地马克思主义不去占领,非马克思主义和反马克思主义的东西必然去占领。"①

由于互联网本身的开放性、虚拟性和跨文化性等特点,复杂的教师环境和教师对象是高校思想政治教师即将面对和重视的新问题。

在这种情形下,作为教师队伍,重视对阵地意识的强化,重点对待"互联网十"时代环境给高校思想政治教师工作带来的相对挑战问题,同时对于互联网空间出现的一系列新情况、新问题进行深入的研究,不断增强思想政治教师工作的战斗力。

2. 安全意识

互联网有着较为复杂的特点,其中包括开放性和共享性、超时空性和及时性、隐蔽性。由于它在信息共享方面,不受时间的限制和空间的限制,也就导致了在传播的同时,产生一定程度的安全隐患,给那些"文化殖民主义"、文化糟粕、西方意识形态渗透和传播提供了相对便利的条件,对高校学生的成长造成了严重的影响。

目前,对于教师队伍来说,最为艰巨重要的责任就是正确的对高校学生进行引导,让高校学生增强防范意识,自觉甄别和抵制网上反动、不良的相关信息。

3. 学习意识

"互联网十"时代下,对教师队伍提出了明确的要求,关于增强学习的意识:作为教师队伍来说,具有基本的思想政治理论知识是远远不够的,与此同时,还应该具备学习的能力、对信息进行合理筛选的能力以及针对信息技术等新科技手段有效开展工作的能力,积极参与关于对互联网思想政治教师阵地的建设。

在此期间,教师队伍还应该密切关注互联网的动态,深入研

---

① 季海菊. 新媒体时代高校思想政治教育的解构与重塑[M]. 南京:东南大学出版社,2014,第 267 页.

究互联网发展的方向以及趋势,学会并熟练掌握使用高校学生经常用到的一些软件以及互联网交流平台,促使自己成为理论与实际相结合的新型教师队伍。

在循序渐进、持之以恒的学习过程中不断的充实和提高自己,使自己的知识形成结构上的完整,同时具有一定的时代性,只有这样,面对"互联网十"时代的挑战,才能顺利完成艰巨而复杂的思想政治工作任务。

4. 创新意识

"互联网十"时代,作为教师队伍,应该具有更高的创新意识。从某种程度上来说,创新意识是教师队伍迎接挑战、处理问题的关键点所在。

在"互联网十"时代,面对复杂多变的新情况、新问题,教师队伍必须做到解放思想,对原有的旧观念进行相应的更新,把握机遇,开拓前进,增强高校思想政治教师工作的吸引力。

这种创新意识体现在以下三个方面。

首先,"互联网十"时代要求教师队伍应该具备与时代相适应的创新观念,树立正确的思想政治工作互联网化意识,紧跟时代前进的步伐。其次,要求教师队伍要针对互联网特点,不断地创新工作新思路,在网上体现出相应的时代特征。最后,要求教师队伍,在方法创新上具有时代性,把"互联网十"时代技术在思想政治教师工作中的作用如实地发挥出来,再用互联网对高校学生进行素质教育,增强他们自身的抗干扰能力和免疫力。

二、适应"互联网十"时代,增强教师队伍利用和管理互联网的工作能力

为适应"互联网十"时代的要求,增强教师队伍利用和管理互联网的工作能力,当前应着力培养以下四个方面的能力。

（一）熟练使用常见信息技术工具

对现代信息技术的改进能够熟练地应用并且掌握，再运用于教学活动之中，如利用 Flash、Action、PowerPoint、课件大师等软件进行有关多媒体课件的制作，利用电子邮件，适当地对互联网课堂进行开辟，有效地做到思想政治教师教学资源的汇聚。

（二）熟练使用互联网交流平台软件

教师队伍应主动建立有关个人的博客，掌握并熟练使用 QQ、微博、微信等相关的"交流平台"软件，让这些工具在班级的日常管理、校园管理上的作用以最大限度发挥出来，充分与学生进行无障碍的沟通、交流，从正面引导高校学生的行为举止，成为校园互联网社区的核心成员，从相关程度上提高思想政治教师工作水平。

（三）熟练使用微信

在当前的形势下，高校学生中最流行的、使用范围最为广泛的一款手机通信软件就是微信。可以这么说，微信把沟通引入了一个全新的互联网时代。微信强大功能的推出，受到了人们热烈的关注，尤其是高校学生广为使用，高校学生对微信的广泛使用，对于高校进行相关的思想工作来说，也产生了一定程度上的新的挑战和新的机遇。[①]

这时作为教师队伍来说，除了对微信有相关的了解，了解微信的各种功能，还应积极探索把微信当成一种新的工作平台和载体来使用，在互联网思想政治教师互联网阵地抢占新的制高点。

（四）熟练把握和运用互联网技术开展思想政治理论课的教学

在"互联网十"时代，对学生进行相关的思想政治教师的主渠

---

① 季海菊．新媒体时代高校思想政治教育的解构与重塑[M]．南京：东南大学出版社，2014，第 270 页．

道、主阵地虽然从一定意义上来说是高校的思想政治理论课,但由于其传统"灌输式"的教师方法已经与"互联网＋"时代的要求显示出格格不入的现象,所以,针对灌输式的教师问题需要向新型的引导式教师的转变已势不容缓。

高校思想政治理论课的教师需要做的就是,熟练地把握和运用互联网这一具有前沿性时代的工具,针对思想政治理论课教学做到加强和改进,把多媒体及互联网技术适当的引入高校思想政治理论课教学中,使得多媒体互联网技术与思想政治理论课教学形成相关程度上的合理衔接。

三、利用"互联网＋"时代平台,培育高校思想政治教师互联网"意见领袖"

"意见领袖"的概念最早由美国传播学者拉扎斯·菲尔德等人在《人民的选择》(1944)一书中提出的,是指那些活跃在人际传播互联网中,经常为他人提供信息、观点或建议并对他们施加个人影响的人物。[①] 培养教师队伍成为互联网"意见领袖",是适应"互联网＋"时代高校思想政治教师的需要。教师队伍具有丰富的思想政治教师工作经验、较高的政策理论水平、较强的政治敏感性和政治鉴别力,能较好地把握正确的舆论导向。

目前来看,能够合理地作为高校学生互联网"意见领袖"的重要人选,非教师队伍莫属,同时,他们还应该发掘更广阔的发展空间,成为大众的思想政治教师互联网"意见领袖"。"意见领袖",分为以下三种类型。

(一)"专业型"的思想政治教师互联网"意见领袖"

根据高校的实际情况出发,要改变"大而全"的策略,重点对特定领域的民意主导者进行深入的打造,在保证其拥有丰富的思

---

① 郭庆光. 传播学教程[M]. 北京:人民大学出版社,2011,第209页.

想政治素质的基础之上,对于他们在专业的、特定领域内的权威树立也要做到相关的重视。并且,所谓的"意见领袖"擅长的领域要根据高校学生的需要合理的展开,符合高校学生的热门话题。

当前的形势,社会热点问题、突发性社会事件、自己与他人遇到的不合理事件等都成了高校学生网民参与程度相关较高的一部分话题。这个时候,就需要思想政治教师互联网"意见领袖"扎实掌握某项关于专业领域的相关知识,理性地针对不同的话题应该有不同的引导策略,及时解决存在的问题。

(二)"多互联网平台型"的思想政治教师互联网"意见领袖"

互联网平台不同,与之相对应的技术性能、核心功能也会有所区别,互联网"意见领袖"的形成与特点不同,那么必将导致网民的特点也会显现出不同,最终对其互联网"意见领袖"素质要求也有所不同。

在进行相应的引导和培育互联网"意见领袖"时,要注重对相应互联网平台功能与特点的考量,同时也要注重对互联网技术的研究和开发。

互联网社群核心功能是对现实人际关系的构建与维护,即"熟人交往"。互联网社群的"意见领袖"大部分基于现实人际关系,通过与现实中的"意见领袖"重合,但大体来说并不完全一致。因此,社交网站"意见领袖"的人选,在与高校学生网民进行感情交流的同时,也应是该互联网社群成员相对熟悉的人。

(三)"稳定型"的思想政治教师互联网"意见领袖"

互联网"意见领袖"赢得高校学生拥护和信任需要长期不断的努力,绝不在一朝一夕。

首先,要为高校学生的成长创造一个良好的互联网环境,就需要高校和思想政治教师时刻帮助他们度过可能会遇到的互联网"信任危机";其次,对于他们的切身利益也要做到相应的关心,为他们提供一定的保障,消除他们的后顾之忧;最后,对他们进行有目的、有计划的再教育，帮助他们自身素质和互联网舆论引导水平得到不断的提高。

思想政治教师应着重针对培育稳定型的互联网"意见领袖"，而对于目前来说，如何使培育的互联网"意见领袖"具有持久的生命力，需要做到坚持科学性与艺术性的统一。

所谓的科学性，就是在对互联网"意见领袖"进行培育的同时，要尊重互联网"意见领袖"形成、发挥作用的本身规律。互联网"意见领袖"是自发形成的，是网民自主选择的一种结果，因此不能用政策规定、不能用法律强制互联网"意见领袖"地位的获得。如果对其进行强制规定，也是无济于事，依旧没有实质性作用。

互联网"意见领袖"的权力，归根结底是关于信息的权力，通过设置相关的互联网议程、框架、抑制反对意见发表进行一定程度上的引领互联网舆论。要想合理地对互联网"意见领袖"进行培育，就必须充分尊重顺应这些规律。

四、优化环境，提升高校思想政治教师工作队伍整体素质

从优化高校思想政治教师环境方面来说，当前需要合理改善"三个环境"。

（一）净化互联网环境

互联网的出现，随之而来的冲击，在高校思想政治教师的过程中已经显而易见，因此必须深入研究互联网在思想政治教师环境中出现的新变化，营造一个健康、纯净的思想政治教师环境。

在"互联网十"时代发展过程中，高校思想政治教师是一种具有一定目的性和计划性的实践活动，它十分关注互联网环境的教师价值，不但能发挥虚拟环境既有的教师功能，还能营造出一个适合开展思想政治教师工作的互联网环境，使得更多的学生能够

欣然接受"互联网＋"时代环境下思想政治教师的形式和方法,将个体需求和群体发展需求有机融合为一体,形成一种群体和社会都能够认同的价值观念,最终完成思想政治教师真正的目的。

高校需要对学生的自主意识进行不断强化,避免学生受到互联网环境因素的不良影响,增强学生对互联网的自控能力,提高学生辨别与适应各种环境的能力,根据自身的需求,适当的扬长避短,消除那些负面信息对自身的不良影响,从而不断地满足思想政治教师和学生双方面的发展需求。

(二)美化文化环境

对于互联网环境来说,对文化环境进行不断优化,可以从相关程度上优化互联网环境起到一定的作用。要想使高校学生的思想得到优化和提升,必须建立一个良好的文化环境,这个环境要具有一定的感染力和穿透力。

校园文化,作用在于具有重要的育人功能,当前的高校随着信息化的普及和推广,需要开展多种通过互联网显现的形式多样、积极向上的学术、科技、体育、艺术和娱乐活动,把德育与智育、体育、美育进行相关的有机结合,寓教师于文化活动之中。与此同时,应当举办一些有象征性地主题教师活动,开展具有学校办学特色、体现校园传统精神之类的活动。

对于校园人文环境和自然环境的建设,应该予以重视,对于校园文化活动设施,也应做到合理地完善与改进,加强相关的哲学社会科学研讨会、报告会、讲座的管理,坚决抵制各种有害文化和腐朽生活方式对高校学生进行相关的侵蚀和影响。

(三)优化法制环境

法律在对人们的行为举止上有着重要的约束作用,同时也是对于互联网规范化发展的一个重要保障。在"互联网＋"时代中营造优质的思想政治教师环境,提高思想政治教师的规范性,使得思想政治教师的持续健康发展有最为坚实的保障性,并对我国的互联网法制建设进行相关的完善。

在最近几年中,国务院以及相关部门针对互联网方面的立法力度不断进行加强、巩固,与此同时,并颁布了相关的法律法规,不断地对互联网管理做出相关治理,构建具有一定合理性的互联网法制管理体系,打击互联网违法犯罪行为,营造一个良好的法制环境,充分保障互联网的安全化、规范化、秩序化运行。

各高校应该结合校园网站多年来的实际发展情况,制定相关的管理需求,实施具体可行的互联网信息管理制度,使校园互联网管理变得有章可循,有法可依。

从提升高校思想政治教师工作队伍的整体素质方面来说,应着力提升"四个素质"。

1. 政治思想素质

要培养高校学生教师队伍较强的政治思想素质,教师队伍首先自己必须具有较强的思想政治素质。

一要树立社会主义的政治立场和政治观点。"互联网+"时代,尤其要求教师队伍要坚定社会主义的政治信念,对我国建设中国特色的社会主义持有一定的信心,不管在任何复杂的形势下,始终从思想上、政治上、行动上与党中央保持高度的一致性。

二要培养富有高度的政治责任感和强烈的事业心。对于形势和自我价值,教师队伍要进行相关的正确认识,以饱满的热情投身于思想政治教师工作,增强互联网思想政治教师工作的影响力。

三要积极进取,具备良好的道德,在相关程度上提高法律水平。进行理性的指导和评价自己或对象的道德行为,坚决同不道德行为做斗争,在"互联网+"时代的环境下以身作则,为人师表正确完成思想政治教师的目标。

2. 专业理论素质

以马克思主义为核心是教师队伍的主要专业理论素质,具体内容包括马列主义、毛泽东思想、邓小平理论、"三个代表"重要思想和科学发展观。

对于教师队伍来说,应该通过系统深入地学习,具备扎实的专业理论素质,根据社会的不断变化,及时地更新自己的知识,以此适应"互联网+"时代下高校的思想政治教师需要。

在"互联网+"时代环境下,必须注重结合实际情况,对高校学生思想政治教师的新方法进行相关的合理掌握,并结合高校学生在"互联网+"时代环境下体现出的思维方式、生活方式、学习方式的变化,将新的教师方法落实到思想政治教师的实践中,并在实践中不断完善"互联网+"时代环境下高校学生思想政治教师新举措。

具备较高的理论素养,也是教师队伍必须拥有的,只有这样,面对高校学生在现实中遇到的困惑时,才能为其进行清晰、正确、生动地讲解,提供相应的思想政治理论,然后通过分析现实生活中的一些实际问题,对高校学生形成思想政治教师的感召力和说服力,最后得到高校学生的认同和信服。

3. 媒体技术素质

在"互联网+"时代,作为合格的教师队伍来说,仅有深厚的马克思主义理论水平和思想政治工作艺术是远远不够的,在熟练掌握这些的前提下,还要学会熟练地使用"互联网+"时代的功能,充分地了解"互联网+"时代本身的技术与特点。

教师队伍不但需要进行相关的学习计算机技术、互联网技术和手机"互联网+"时代的有关应用知识,便于掌握先进的技术手段,还应该适当的利用互联网或手机,开辟相应的"论坛""微博"等,通过一定的真实与虚拟身份的切换与高校学生展开一系列的对话以及讨论,做到能够时刻掌握高校学生的思想动态,及时解决互联网传播过程中出现的种种问题,让自己的角色不仅仅局限于思想政治教师的灌输者,同时也是针对"互联网+"时代信息的收集者、发布者和管理者。

4. 学习创新素质

我们的社会生活之所以有了全新的体验,都是基于"互联网十"时代环境带给我们的,它改变着我们的生活方式、交际方式和思维方式,对于高校学生思想政治教师来说,"互联网十"时代环境下的思想政治工作完全可以说是一项全新的工作模式,而在这项具体的工作过程中,教师队伍需要不断地进行总结经验,摸索并归纳其中的一部分规律,更好地为高校思想政治教师开展服务。

当前,关于高校思想政治教师的发展,大力提升教师队伍的创新意识和能力是最为基础的要求。由于教师队伍的传统观念比较老旧,所以就需要打破这种观念,进行大胆尝试,善于发现新的情况,研究新的问题,对思想政治教师工作进行不断探索,并善于发现互联网中的新机制、新方法。

这样一来,不但具备了优秀的创新素质,对于高校学生的思想政治教师思路也能相应地拓宽,逐步地适应"互联网十"时代环境下高校思想政治教师的发展需要。

第二节 "互联网十"时代思政课教师队伍素质与能力构成

"互联网十"时代使得教师队伍的角色从传统向现代进行了一定程度上的转变。提高教师队伍的综合素质,是"互联网十"时代环境下思想政治教师发展的需要,也是高校思想政治教师建设的首要任务。从总体上来看,它要求教师队伍应当具有以下几个方面的素质。

一、政治理论素质

在高校思想政治中,教师队伍自身拥有的一定的政治素质水平,能够决定着他们是否始终坚持正确的政治方向,始终进行合理地运用马克思主义的立场、观点、方法来看待客观事物,用敏锐的观察力去洞察周围的事物所带有的情况复杂性。

这时就需要树立正确的政治观点,对自己的政治地位有坚定的力度,只有这样,才有利于使自己的政治灵敏度得到提高,有利于分辨是非对错,进行理性的选择,自始至终与党中央保持一致的路线,做到忠诚于党,服务于党,始终坚持四项基本原则,坚决执行党的路线、方针和政策。[①]

具体来说,就是认真学习马列主义、毛泽东思想、邓小平理论和"三个代表"重要思想及树立科学发展观,在一定程度上对思想素质进行加强稳固,这样才能使教师队伍的眼光得到正确提升,用发展的眼光看待学生的教师工作,正确地引导他们积极向上的行为和思想,在一定程度上提高党的觉悟,明确党的政治思想。因此,作为教师队伍来说,政治理论素质应该具备以下四个方面。

(一)具有马克思主义基本理论水平和认识能力

所谓的马克思主义基本理论就是指马克思主义、毛泽东思想、邓小平理论、"三个代表"重要思想和科学发展观。教师队伍的政治理论素质主要体现为:熟悉和掌握马克思主义的基本原理,能合理并恰当地运用马克思主义的立场、观点和方法分析和解决思想政治工作中遇到的问题;正确理解、宣传、贯彻党的路线方针和政策,采取正确的方针和科学的方法有效地开展思想政治教师工作。

(二)具有正确的政治方向

在目前较为复杂的国际国内形势下,教师队伍应该能够站在政治高度上,理性地去看待和分析问题,让头脑时刻的保持冷静,不去触犯一些政治取向上的根本性错误。同时还严格要求,教师

---

① 唐家良.高校辅导员队伍专业化建设与成长[M].北京:现代教育出版社,2008,第 167 页.

队伍必须从确保中国特色社会主义事业欣欣向荣、后继有人的相关立场上,从培养社会主义合格的建设者和可靠的接班人的一定高度上,来观察、分析并处理所有的问题。

(三)具备优秀的政治品质

始终忠诚于党、忠于人民,是教师队伍应该甚至是必须做到的,还包括始终忠于社会主义教师的伟大事业;同时,做到实事求是,以身作则,坚持真理,教书育人也是对教师队伍的必然要求。当然,作为教师队伍,以上的那些还不足够,拥有开阔的视野,坦然的心胸,对名利的淡泊态度,始终坚持原则,做到谦虚谨慎,勇于承担相应的责任,善于凝聚人心,形成合力,这也是当下的教师队伍应该具备的特点。

(四)具备政治和政策水平

所谓的政治水平,就是指面对各种的突发政治性问题,进行相关的是非辨别,并落实到实际处理问题之中所体现出的能力。政策水平则指,在一定的程度上所体现出的相关能力,包括对党的纲领、任务、行动准则的正确认识、理解和执行。

政治和政策水平,是经过长期的实践与磨炼从而得出的一种产物,主要通过教师队伍把马克思主义理论的水平与政治经验、政治觉悟彼此相互结合,再合理进行相关的运用。

二、思想道德素质

世界观、人生观、价值观等因素组构成了思想素质,所谓的思想素质,是指运用科学的理论观点在一定程度上合理分析问题、解决问题的能力和水平。

(一)思想素质的核心

首先,思想素质的核心就是世界观。这就要求,教师队伍需要掌握辩证唯物主义和历史唯物主义的科学世界观和方法论,从客观规律上正确认识事物发展的过程,有着正确的工作态度和思想态度,尽量减少犯一些低级错误。

其次就是人生观和价值观。人生观,其实就是人们自身的一个根本看法和最基础的态度,尤其是对人生意义、人生目的、人生价值的看法;而价值观,简明地说来就是人们在进行处理自身与外界关系时所体现出的根本态度。[①] 教师队伍,必须树立崇高的理想、本着全心全意为人民服务的目的保持并体现出一种由内而外的乐观积极的人生态度。

在当今的"互联网十"时代,要求教师队伍应该拥有科学的世界观,只有拥有科学的世界观,才能使自己的思想觉悟和认识能力有一定程度的提高,同时也有充分的能力对高校学生在互联网行动中进行积极向上的思想引导。而拥有高尚的人生观,教师队伍才能在进行互联网教师活动过程中,坚持一切从人民的根本利益出发,树立正确的社会主义观价值,与不良主义划分距离。

（二)道德素质的内容

道德素质,很好地反映出了人们的道德认识和道德行为水平的综合度,它从一定程度上体现出了一个人的道德修养和道德情操,凸显出一个人的道德水平和道德风貌。教师队伍的身上有着一种无声的教师力量,那便是道德修养,它对教师对象的思想和行为能起到相当重要的影响力。

一般来说,优秀的道德素质应当由以下几方面组成。

1. 无私奉献的道德境界

无私奉献的最高道德境界就是要求教师队伍对社会有着高度的责任感的同时,还必须做到坚决履行自己对祖国、对人民、对

---

① 唐家良.高校辅导员队伍专业化建设与成长[M].北京:现代教育出版社,2008,第168页.

他人应尽的责任和义务,自觉地做到教书育人、无私奉献。

2. 坚定不移的道德信念

道德信念的培养,是形成道德品质的过程中起关键作用的一个环节。因此,对于教师队伍来说,必须树立正直、公平等道德信念,在树立道德信念的同时,付诸实际行动,从而更好地用实践证明这些道德信念。

3. 坚毅果敢的道德自控能力

坚毅果敢的自控力要求教师队伍时刻坚持理性自律,严格恪守道德要求,时常主动冷静地反思自己在工作中出现的错误和自身存在的一些不足,及时发现并进行改正,勇于承担错误,不断地升华和提高自己的道德境界。

"互联网十"时代,教师队伍只有具有了良好的道德素质,才能更加准确地把握互联网思想政治教师工作中道德关系的本质,才能对互联网思想政治教师工作中的现象、关系和行为进行合理的道德分析和判断,才能积极地推动教师队伍的道德意识的增强。

三、文化知识素质

文化知识素质,是指人们在文化方面所具有的较为稳定的、内在的基本品质,表明人们在这些知识及与之相适应的能力行为、情感等综合发展的质量方面,所展现出的相关的水平和个性特点。

高校集合了来自不同地区的"高知"群体。具体而言,就是说不管是高校学生或者是队伍,他们的文化水平都要比其他的群体高出许多,所以,对于教师队伍来说,没有较高的科学知识水平和文化素养是无法从事教师工作的。所以教师队伍本身的知识水平也不能过于低下,相反,需要有足够高水平的文化素养,在高校学生面前树立威信,并且得到高校学生的信服和接受。

"互联网＋"时代,教师队伍所需要的文化知识素质包括以下方面。

(一)基础理论知识

基础理论知识,其实就是对马克思主义基本论的一个称呼,通过马克思主义基本理论,做互联网思想政治教师有力的理论基础、行动指南和思想武器。

合理、正确的掌握马克思主义基本理论,对教师队伍有很大程度的帮助,教师队伍可以树立科学的世界观、人生观和价值观,站在马克思主义的立场,用其观点和相关的方法分析并研究在思想政治领域出现的各种问题,运用科学的理论知识进行解疑,纠正错误,做到思想统一。[①] 同时,只有合理掌握马克思主义基本理论知识,才能针对教师对象传达正确的马克思主义基本原理和方法,帮助教师对象形成正确的世界观、人生观以及价值观,使他们处理问题的能力也有所进步和提高。

(二)专业知识

专业知识,主要指思想政治教师基本原理与互联网思想政治教师业务方面的专业基础知识和专业知识。扎实地掌握这些专业基础和专业知识,能够更好地结合互联网的特点,对于高校学生的情感认知、个性等心理特征进行深入的分析。

对高校学生所处的互联网社会关系和互联网环境要有一定的了解,适当的分析他们的思想行为、活动规律以及思想政治教师的规律,在互联网思想政治教师方面上增强相关的预见性及针对性,把主动权掌握起来,同时也必须建立在科学的基础上进行这些相关活动。

---

① 季海菊. 新媒体时代高校思想政治教育的解构与重塑[M]. 南京:东南大学出版社,2014,第251页.

（三）辅助知识

辅助知识，主要是指与高校思想政治教师工作有直接或间接关系的知识，比如与思想政治工作关系密切的心理学、教师学、伦理学、社会学等知识。

学习和掌握这些相关学科的辅助知识，可以使教师队伍扩大知识领域，使自己的科学文化知识素质在一定程度上得到相对的提高，在实践中切实增强思想政治教师工作的实效性。①

四、互联网信息素质

信息素质，就是在社会中的各种信息相互交叉渗透、技术高度发展进行综合的情况下，人们针对信息的处理、筛选、鉴别和使用所应具备的一种能力。在"互联网+"发展的时代，对于教师队伍来说，他们的信息素质主要由信息意识、信息道德和信息能力等多种方面构成。

（一）增强教师队伍信息意识

所谓教师队伍的信息意识，就是指教师队伍对相关的信息进行一定程度上的获取、分析、判断和消化吸收信息的自觉程度。衡量一个教师队伍关于信息意识的高低，要通过教师队伍在思想政治教师的工作水平和创造型人才的培养水平来体现。处于"互联网+"时代环境下的教师队伍，如果他的信息意识相对来说不是很高，那么在他进行对信息认识、利用信息的能力过程中，也会在相关的程度上受到相应的约束，所以，也会造成其对信息的吸收变得相当困难。就需要教师队伍有机结合互联网上的新知识、新信息与思想政治教师工作的知识和信息，使受教师队伍开拓全新的知识信息思维和视野。

---

① 唐家良．高校辅导员队伍专业化建设与成长［M］．北京：现代教育出版社，2008，第170页．

（二）提高教师队伍的信息能力

在"互联网十"时代环境中，教师队伍除了具有敏锐的信息意识外，还必须要有较强的信息能力。

信息的获取能力、处理能力以及传递能力构成了信息能力。信息的获取能力，顾名思义，就是对信息进行相关搜集的一种能力，当然这其中也包括对互联网环境的详细了解、利用互联网中的数据库并从中获取思想政治教师所需信息的能力；信息的处理能力，指通过使用互联网终端进行一定的阅读，并从中提取、吸收和存储所需的信息能力；至于信息的传递能力，它有着相当大的作用，身为教师队伍来讲，需要进行对信息选择性地消化吸收，之后再以合理的方式传递给学生。教师队伍拥有的信息能力，将是未来一个必要的条件，用来衡量他们是否合格。

有关研究表明：在未来的环境下，基于个人智力等因素基本相同的情况下，教师队伍的科研能力、教学效果主要由他们自身所具有的信息能力来决定，信息能力越强，相对应的获取新知识的能力就越强，教学效果也会有不错的体现，科研成果会更多，反之则差。

（三）树立教师队伍的信息道德

协调信息的创造者、信息服务者、信息使用者三者之间进行的行为规范的总和就是对信息道德的一个界定。其中的内容包括：教师队伍的信息交流和传递目标必须与社会整体目标一致；教师队伍应该自觉承担相应的社会义务和责任；遵循相应的法律法规，抵制各种违法的不良信息；尊重个人隐私等等；尊重知识产权、互联网信息技术的开通，使人们突破空间和时间上信息交流的限制，使人们在世界任何地方都能与在地球的另一角的其他人对话、交谈或是传递图像、文本信息。而教师队伍则有可能接触到社会上的各种思想。

对于教师队伍本身来说，必须具备高尚的信息道德素质，自觉抵制各种违法行为和不良的信息，为受教师的对象传递健康、正面、积极向上的信息知识。

五、业务能力素质

业务能力素质是指教师队伍通过相关的方式方法把多种技能和艺术灵活的运用于实际工作之中。高校思想政治教师的新渠道和新空间是"互联网＋"时代,要想真正把思想政治教师渗透到相关的互联网活动中去,对高校学生的影响力和吸引力进行相关的提升,彻底落实高校思想政治的有关教师,做得富有成效,关键在于教师队伍,他们必须有较强的业务能力素质。概括起来,包括以下五个方面。

(一)互联网语言表达能力

表达,是人们必备的一种本领,通过彼此进行互动、交流思想感情的一种状态。在"互联网＋"时代下,教师队伍在互联网上进行宣传教师的引导工作,应该通过互联网说教使得受教师的对象接受自己的观点,这就需要合理运用互联网技术的传递方式,用多样化的形式把自己的思想方式表达出来,为思想政治的教师增加一定的感染力。

(二)观察能力

"互联网＋"时代自身具有隐蔽性和间接性的特点,这就使得互联网教师队伍与受教师对象有一定的空间感,不能在互联网上进行面对面的交流,所以就要求教师队伍应该具有较强的观察能力,坚持全面、细致的原则,善于通过表象抓住事物的本质,进行分析和综合判断,掌握受教师对象的特点。

(三)调查研究能力

"互联网＋"时代,高校思想政治教师充满了一定的多变性与复杂性,教师队伍应该合理运用马克思主义的观点和方法,通过借助互联网超时空、方便、快捷的特点,通过互联网平台,从面上抓住互联网思想政治教师的新情况、新问题、新特点的能力。

(四)组织协调能力

"互联网＋"时代,高校思想政治教师的特殊性,其实就是对教师队伍应具有较强的组织协调能力的一个具体要求。由于这个时代,高校学生的思想层次各异、文化知识水平也参差不齐,要做好高校学生的思想政治教师工作,需要发动所有相关的队伍一起去做;需要组织各单位的党组织和职能部门创办各种思想政治教师网站,对思想政治教师的有关内容进行合理、恰当的宣传;需要动员广大教职员工和学生工作骨干通过在线活动,引导网上舆论,做好一切工作;需要规范协调好各网站、网页的管理,做到各负其责。

(五)调控能力

如今的互联网社会,发展迅速,新思想、新信息不断的更迭,同时也需要教师队伍根据不同时期的互联网变化以及发展过程的动态,对自己的知识进行适当的调整,跟上新形势发展的要求,增强相应的工作能力。

六、身体心理素质

身体心理素质,是指教师队伍从事思想政治教师工作过程中,各种生理因素和心理因素的总和。教师队伍不仅需要具备强烈的事业心,还需要具有强烈的政治责任感,这是教师队伍做好工作的必要前提;教师队伍合理地调节自己的行为,积极完成本职的工作的基础是拥有坚强的意志。

教师队伍要想正确、合理的引导高校学生具有良好的身心素质,自己首先应当具备身体健康、气质优良、性格稳定、意志坚强、行为端正等良好的身心品质。

（一）具有健康的身体素质

对于教师队伍的生理健康素质而言，除了应该具备一般人体的基本健康水准以外，人的大脑和各种感觉器官、运动器官的机能尤其应该经过营养、锻炼、保健等环境因素的作用，达到比较高的健康标准。

（二）具有广泛的兴趣

教师队伍，应培养自身多种相关的兴趣，这样一来，才能在一定的程度上，从宽广的范围和更多的时间里接触、了解教师对象，采用灵活多样的方式方法进行相关的教学。

（三）具有积极向上的精神状态

一般来说，积极乐观的精神状态对于工作效率有着很大的影响，不但能够适当提高工作效率，同时，还能用愉悦的精神和情绪感染他人；相反，消极的状态会给人压抑的感觉，甚至厌烦。

教师队伍，对自己的心态应该做到适当把握，学会合理的调整自己，使自己时刻保持积极向上的精神状态，并以积极的精神状态去引导、感染学生。

（四）培养良好的性格

高校思想政治教师的职业性质，重点要求教师队伍必须把自己的良好性格重视起来，来进行一定程度上的相关培养和塑造，自觉地做到：为人处世上，要持有诚恳友善、宽容大度、乐于助人的态度；工作环境中，要持有踏实认真、一丝不苟、细致节俭的态度；自身要求上，要持有谦虚、自信、进取、克己、自尊的态度。

（五）具有坚强的意志

教师队伍应具有百折不回的顽强毅力，清晰的思考力，明辨是非，遇事应沉着冷静、果敢，能够掌握并善于控制自己的情绪，对自己的一言一行负责,为高校学生们树立一种自强自立、坚强勇敢的良好形象。

总之,在"互联网＋"时代,教师队伍应具备以上五方面的素质,这六个方面既相互统一,又相互独立,互相影响制约。

七、提高教师素质的途径

促进教师职业道德素质发展是高等学校师资建设的核心问题。本节重点从两个方面论述提升高校教师职业道德素质的途径,即加强高校教师的外部道德教育和高校教师的自我道德修养。

(一)加强对高校教师的外部道德教育

1. 严格把好入口关

教师的职责说明了教师职业的特殊性,对从业者的思想素质、专业素质、业务素质和道德素质都有明显高于其他职业的要求。为了提高教师队伍的素质,高校在选择教师人员时,首先要把好入口关,对求职者进行深入而且全面的考察,充分了解其专业素质、思想素质和道德素质。高校要选择一批具备为人民服务精神的、业务能力优秀的、全面发展的教师,以确保高校教师队伍的质量。

为了确保教师队伍的质量,《中华人民共和国教师法》规定我国实行教师资格制度。教师资格是国家对拟进入教师队伍和准备从事教育教学工作人员的最基本要求,它规定了从事教师职业必须具备的基本条件和最低任职标准,从师德和学历两个方面提出了具体要求。高校各基层单位在引进和吸纳人才时,必须按照《教师法》的规定,对其学历学术和思想道德状况进行认真的审查。在认真审查的基础上确定是否符合教师职业的基本要求,如果达不到这些要求,则应该被限制在教师职业之外。

与思想道德状况相比较而言,人才的学历和学术情况容易识别和鉴定。高校和用人单位通过对大学毕业生、博硕士研究生的学历审查,可以清楚地看到其是否符合相应的学历标准;通过试讲、学术报告以及科研成果的审查,可以对其专业理论基础和科研能力进行实际鉴定。而对人才进行政治思想和道德状况的考察就相对要难得多。过去的审查,一般都以毕业生所在学校提供的评价进行选择,但这些评价有的不够真实,存在着虚假的内容,尤其是近年来毕业生就业形势日益严峻,为了提高学校的就业率,只说好话不言缺陷,一味拔高,水分过多的现象十分普遍,甚至出现"护短""遮丑"的不良作风,这就为了解和掌握人才真实的思想道德状况带来了困难。实践中我们也常常发现,一些原学校鉴定评价十分突出的人,在实际工作中不仅学业水平达不到要求,思想道德水平更是令人失望。为此,我们在选择教师时,必须对求职者的思想道德状况进行细致深入的审查和甄别,必须把好人才引进的第一道门槛。把好了这道关,就为建立一支高素质的教师队伍奠定了思想道德基础,也为教师职业道德水平的不断提高提供了可能。这就要求高等学校的人事部门和用人单位,要深入求职者所在的单位和学校,通过多渠道、全方位的了解,掌握其真实的政治、思想、道德情况,通过比较鉴别,将思想道德高尚、专业基础扎实的优秀人才选拔到高校教师队伍中来,以保证教师队伍在起点上的高素质、高水平。

2.正规化的岗前培训与在职培训

从实际情况来看,教师职业道德素质的提升主要有两个方面:岗前培训和在职培训。新教师上岗之前都会接受各级教育行政部门组织实施的岗前培训,在平时的工作或者寒暑假中,教师也会以不同方式接受在职培训,或网上学习、或听讲座、或参加考核。

目前高等学校教师培训的内容中,除了高等教育学、高等教育心理学外,教师职业道德教育是其中的一项重要内容,这对树立教师职业理想、提高教师职业道德水平具有积极的促进作用。但是,从培训的实际情况来看,也存在着一些不容忽视的问题。一是接受培训者普遍存在对职业道德教育的逆反心理和应付态度,认为做教师还得看真才实学,看教学技能,有没有职业道德并无大碍。因此,在高校教师岗前培训中,教师职业道德课往往是出勤率最低的。二是授课教师的水平不高。目前,职业道德教育的任课教师人员不固定,知识和能力水平不够高。有的人伦理学理论基础不够扎实,有的人对新时期高校教师职业道德的本质、内涵、特点和规律缺乏研究,这对主要以研究生为主的新的教师来说,无论是在知识的广度上还是在分析问题的深度上都是不能适应的。所以,建立一支相对稳定的、高水平的职业道德教育师资队伍,是提高培训质量的基本条件之一。

在职培训是针对已经取得教师资格并从事教育教学工作的教师进行的。进入教师队伍后 2~3 年,应进行一次在职培训。培训前应进行对新教师的师德状况进行较深入的调研,全面掌握新教师的师德状况,有针对性地、有典型性地(正、反事例)进行师德教育培训,以强化职业道德意识,培育职业道德素质。5~8 年,应进行第二次在职培训,以不断更新职业道德内容,提高职业道德水平,形成职业道德习惯。制度化、系统化的职业道德教育和培训,可以使教师的职业活动始终运行在正确的轨道上,有利于巩固教育成果,形成教师良好的职业道德习惯。

无论是岗前培训还是在职培训,都要注重培训结果的实效性,不能搞"面子工程",要将培训落到实处,使教师深刻认识到培训的重要性,增强培训内容的趣味性和生动性,聘请有扎实的专业知识以及讲授方法灵活多样的主讲人进行培训,从而使教师自觉、自愿地参加岗前培训和在职培训,促进职业道德素质的发展。

3.规范化、制度化管理

规范化和制度化管理对教师的职业道德素质的培养和提高有着至关重要的作用,主要表现在:(1)为教师营造一个平等有序、风气纯正的工作环境,提高教师的职业认同感;(2)通过各种规范和制度的约束,使教师在行为实践中养成良好的道德习惯。在高等学校中不乏有贪赃枉法、借溜须拍马趁机上位的情况,秩序较为混乱,风气较为浑浊,严重缺乏规范化和制度化的管理,这种情形不免使一些教师常常感到自己受到了不公正的待遇。一旦出现这种状况和不良情绪,既不利于教学工作的开展——影响到教师教学的积极性和主动性,甚至会使教师与领导之间的关系逐渐恶化,造成人际关系的不和谐;也不利于教师自身的身心健康——在压抑和愤懑的环境中工作可能患有抑郁症等心理疾病,造成世界观、人生观、价值观的扭曲。而一个制度健全、管理规范的环境,会营造出一个公平公正、积极向上的工作氛围,使其成员产生安全感和愉悦感,从而调动教师的劳动积极性以及认真履行职业道德的自觉性。此外,规范化和制度化的管理有利于教师养成良好的道德习惯。制度化、规范化管理所营造的良好氛围和环境,使遵守管理制度、服从道德规范的行为得到肯定和褒奖,使违规违法的不良行为受到惩处和贬抑。制度的连续性和规范化管理的奖惩分明性,使不良行为失去了生存的土壤和环境,使遵守教师职业道德规范成为人们的基本行为方式,并慢慢变成人们的行为习惯和自觉要求,最终使教师摆脱规范必然性的限制,达到道德的自由境界。

鉴于制度化、规范化管理对教师职业道德的积极促进作用,高校及各院系领导应克服人治积习,加强规范化、制度化管理。首先应制定切实可行的教学、科研、班主任、军训、实习、参加集体活动的各项规章、制度、条例,应建立健全对教师各项师德状况的评估、考查、反馈制度。这些规章制度要具体明确,有可操作性。其次要广为宣传,人人皆知,并一丝不苟认真贯彻执行。通过规范化、制度化的教育和管理,通过强化外部约束,把教师的职业活动纳入职业道德要求的轨道,使广大教师在长期的制度化、规范化管理和道德实践中,形成良好的职业道德传统和行为习惯。

(二)加强高校教师的自我道德教育与自我修养

1.形成正确的职业道德认识

道德认识是产生道德情感的起点和基础,磨炼道德意志的动力,评价道德行为的准绳。具体而言,它是指人们对道德价值、规范和原则的理解和掌握,是对"应当如何"的认知,包括道德概念、道德观点的形成和道德判断能力的提高。人们只有对某一道德原则和规范有较为明确的认识,充分信任其合理性,才能较自觉地在实践中相应来行动。而教师职业道德认识是教师在教育教学实践、社会实践中对其职业道德价值、规范、原则及其意义的认识,具体包括对教师职业社会道德价值的认识,教师职业道德概念、道德观点的形成,职业道德判断力的提高。

教师职业只占社会众职业的一个微小份额,平凡而普通,但教育事业又担负着培养社会未来建设者、接班人的使命,伟大而神圣。作为教师大军中的普通一员,高校教师应树立"在平凡岗位上做不平凡事情"之理念。此外,就高校自身特点而言,它是人才培养基地,也是学术研究、高科技研发的有利场合,这赋予大学教师三种缺一不可的独特身份:教教师、教师、服务者。作为教教师,高校教师应认识到教学始终是主业,不应只顾第二职业而忽视知识传播者的身份。而学生衡量一名合格教师的首要标准正是其教学业务水平,如马卡连柯所说:"学生可以原谅教师的严厉、刻板甚至吹毛求疵,但不能原谅他的不学无术。"[①]所以,高校教师如不能认识本职业的教育性和专业性,其职业道德认识是不完备的;作为教师,高校教师应意识到科研是科学、教学发展的要求,是社会赋予他们的又一使命。正如我国物理学家、教育家钱伟长所说:"你不上课,就不是老师;你不搞科研,就不是好老师。教学是必要的要求,不是充分的要求,充分的要求是科研……教

---

① 李宁.论教师素质[J].中等医学教育,1997(2).

学没有科研做底子,就是一个没有观点的教育,没有灵魂的教育。"①作为服务者,高校教师应意识到自身和高校的生存依赖于社会和政府的支持,他们有义务以科技成果转化、人才培训、学术报告、政策论证以及政策咨询等服务形式来回报社会。因而,高校教师应明确自身职业道德认识,既认识到教师职业的平凡性、伟大性,又领悟到高校教师职业独特的教育性、专业性和服务性。只醉心于充当"教书匠"的角色,没有能力承担科研、成果转化等责任,抑或埋头于学术研究,对学生不闻不问,再抑或痴迷于社会服务所带来的财运,置学校事务于脑后等,都是职业道德认识不到位的表现。

2.反思自我,加强自我修养

要想成为一个道德高尚的人,就要不断反思自我,加强自我修养。在中国传统伦理思想中有着丰富的关于道德修养的思想资料,其中有许多值得高校教师吸收和借鉴,运用其所倡导的内省方法不断地解剖自己,审视自己,进行自我修养。孔子所说的"吾日三省吾身""见贤思齐,见不贤而内自省";孟子主张的"存心说""寡欲说""勿忘勿助"的道德修养理论和方法;朱熹所主张的"省察克治之功"的道德修养论;王阳明所提倡的勇于解剖自己,审视自己,严以律己,"除恶务尽"的自我修养论以及道德修养中的"慎独"方法和境界,都是中华民族关于道德修养的优秀道德传统,也是当代教师职业道德修养应该继承和汲取的宝贵道德文化遗产和思想资料。教师应该在年终考评、民主生活会上,认真总结自己的师德情况,进行自我剖析、自我评价、自我反思,要敢于"刺刀见红",敢于"揭伤疤",更应该在日常工作中,时时反思,日日修养,发现问题,立即改正。高校教师只有通过坚持不懈的自我修养,才能时时提醒自己履行职业道德的自觉与警觉,才能把外在的师德规范变成内在的道德自律,变成自己自觉的行为准

---

① 方明伦.钱伟长文选(第2卷)[C].上海:上海大学出版社,2004,第119页.

则,从而使教师的职业道德人格不断得到完善,使教师的职业道德素质得到不断提高。

3.强化规范的职业道德行为

在职业道德修养目标中,如果说职业道德认识是先导,职业道德情感是动力,职业道德意志是保证,那么职业道德行为则是归宿和外部表现。职业道德行为是个人品德的职业行为特征,它包括职业道德的行为技能和职业道德习惯两方面。所谓教师职业道德行为是教师在正确的道德认识指导下,选择有利于学生、他人和社会的行为。在当今经济全球化、观念国际化的条件下,高校教师职业道德行为尤为重要,它关系到教师、学校的道德形象,关系到大学生的成长。因此,高校教师职业道德行为必须从"责任感"和"规范性"两方面加以强化。

第一,责任感。在教育实践中,教师理解、体验和把握着社会赋予的责任,形成了教师责任感。就大学教师而言,责任感来自于他们对职业道德规范的认同,并表现在教育教学、学术研究和社会服务等实践中:责任感促使他们尽心地上好每一堂课以点燃学生理想的火炬,责任感推动他们在学术研究的漫长道路中不违背良心以造福人类,责任感鞭策他们在工作中高标准、严要求以完成社会授予的使命。职业道德规范虽与规章制度有相似之处,但一个人若违反了一定的规章制度可能会受到惩罚,而教师隐匿的工作特征却决定无法对他们的道德水平进行考究。如"关心学生,尊重学生人格,平等对待",但做到什么程度才算是关心、尊重。"求实创新,致力科学研究,坚持教学与科研的统一",那如何做才算达到"教学与科研"的统一。教师在制度化的道德教育下应明晰职业道德中的"应然",但因教师本人缺乏为师者的责任感,未对所处的群体产生一种责任意识和认同感,从而导致他们在实践中出现行为上的失范。

第二,规范性。作为一名合格的高校教师必须严于律己,警惕其一言一行、一举一动对学生造成的消极影响,处理好言行和身教的关系。身处崇尚自由环境的大学教师应意识到"教育无小事、教师无小节",教师职业决定着他们的一言一行都是在为塑造灵魂而奔忙。因而,他们必须时时、处处注意自己的举止是否文明端庄,说话是否文雅和气,衣着是否整洁大方,待人是否谦虚礼貌,忌衣衫不整,举止粗俗,出言不逊。教师只有从点滴中规范行为,以身作则,才能成为学生学习的榜样,亦能促使整个学校师德面貌的改善。

第三节 "互联网十"时代加强思政课教师队伍建设的重要途径

针对高校加强互联网思想政治教师队伍的建设,最为重要的一点就是要根据互联网时代的新挑战、新要求,积极探索队伍建设过程中的新方法,打造一支政治觉悟高、理论水平好、工作效果佳的高水平互联网思想政治教师队伍。

一、建立严格准入制度

长期以来,思想政治教育队伍在维护高校的稳定和教师事业的发展方面起到了重要的作用。但面对新形势和新任务,"各地、各高校要像选拔、培养学术骨干队伍一样,采取有力的政策措施,花大力气建设一支高素质的思想政治教师工作队伍",使互联网思想政治教师队伍在年龄、知识结构上更趋合理,符合思想政治教育工作的规律要求。

针对在校上网学生数量的不断增长,对互联网思想政治教师队伍的数量也应该有所增加。保证互联网教师队伍的质量,提高互联网教师队伍的工作能力、技术水平,专门成立互联网思想政治教育管理的领导小组,采取优秀教师队伍或学生工作干部报名,管理部门统一组织考核、考察,层层筛选、优中选优的方法。[①]同时,注意学科交叉和队伍结构的合理性,重视教师队伍的个性和特长。

二、建立系统培训机制

(一)使教师队伍转变"教化权威"的观念

在传统的思想政治教育过程中,教师队伍总是处于一种信息优势和经验优势的地位,"教化权威"的观念根深蒂固。喜欢以"教化权威"自居,却不乐于在网上进行平起平坐,甚至略显被动的交流。

然而,科技的发展总是更多地给新观念以技术上的支持。互联网的互动性、平等性、开放性不仅改变了人们获取信息的方式,也改变了传递和发布信息的方式。在网上,他们有时言辞激烈,甚至偏激、不礼貌,因此,互联网时代对教师队伍有了一定的要求,要求他们树立以"学生为本"的观念,把"教化权威"的身份逐渐向"引导者"过渡,实现从"思想灌输"到"信息分析"和"信息引导"方面的转变。

(二)使教师队伍具备互联网技术应用水平

互联网环境以计算机和互联网的发展为基础,具有很高的科技含量。互联网思想政治教育工作以互联网工具为载体,带有很强的技术性,需要技术层面的支撑。只有了解相关的现代互联网知识和技能,才能利用互联网进行各种活动,以生动、形象的互联网语言进行相关的知识传播。

首先教师队伍需要及时对自身的知识及能力进行"充电",充分利用现代信息资源,进行互联网思想政治教育。大多数高校都

---

① 夏晓红. 高校网络思想政治教育[M]. 济南:泰山出版社,2008,第169页.

需要对教师队伍进行有关互联网技能的系统知识培训,使他们能在各种信息交叉渗透的社会中,掌握利用互联网进行信息搜集、处理和传递等方面的基本技能。

(三)提高教师队伍的综合素质

根据互联网对高校学生思想、道德和价值观的冲击和影响的相关调查,主要表现在互联网道德问题、思想价值观的动摇等方面,如果高校思想政治教师队伍缺乏相关的互联网知识,将很难妥善解决高校学生产生的思想问题,也很难发挥高校思想政治教师队伍在新时期条件下的应有作用和效果。

首先,互联网意识必须明确,对于互联网时刻关注,拓展高校思想政治教育工作空间。其次,要有丰富的互联网知识。这是高校思想政治教师队伍提高自身素质的根本所在。此外,还要掌握基本的互联网软件运用技术,只有掌握这些技术和知识,才能在网民群体中获得基本的发言权。

互联网的发展和普及对思想政治教师队伍的综合素质要求也颇高,教师手段的现代化要求高校尽快培养一支具有较高综合素质的现代化教师队伍。

具体到培训内容和方法,大致有以下两个方面。

1. 政治培训内容和方法

要想占领这块互联网思想政治教师阵地,需要做许多工作,但最根本的、最重要的是我们要有一支政治素养、理论修养较高的思想政治教师队伍。

对这支队伍进行政治培训,是根本大计。政治素养和理论修养的提高,不是一日之功,因此,对互联网思想政治教师队伍的政治培训也不能期望毕其功于一役。这是一项需要长期不懈地坚持才能完成的任务。

在培训形式上,可以采取长、短期相结合,分散与集中相结合。所谓长期和分散,就是各单位将互联网思想政治教师队伍的政治培训纳入党委的日常工作之中,抓住各种机会,运用各种条件,不断有意识、有目的地提高这支队伍的政治素养和理论修养。而最重要的渠道,就是让这支队伍在互联网思想政治教育工作的具体实践中提高。能力只有与实践结合,在实践的锻炼中才能形成。

2. 业务培训的内容和方法

就一般情况而论,应该包括以下四个方面:一是要注重掌握互联网思想政治教育工作原则和规范的培训;二是要大力提高外语水平。与传统的思想政治教育工作对工作立体的要求相比,这是特殊的,但又是必须达到的培训目标;三是要强化计算机知识与使用互联网技能技术的培训;四是进行掌握现代思想政治教育工作手段的培训。[①]

至于业务培训的方式,应根据培训内容灵活掌握,切不可生搬硬套,制造表面效果。同时要充分利用高校自身的有利条件,以求取得事半功倍之效。

三、建立管理体制

在对高校学生进行相关的互联网思想政治教育过程中,要结合形式,根据实际情况,因地制宜,建立相关的互联网管理系统。

在组建和完善管理系统的同时,要建立强有力的、能够直接进行互联网思想政治教育工作的五支队伍。

(一)建立网上宣传教师队伍

队伍人数不宜过多,属于宣传教师任务的主干力量。其中就包括直接主持和参与思想政治、宣传教育工作,同时对于学校和院(系)的互联网思想政治教师队伍的相关培训任务也有相关的承担。

---

① 夏晓红.高校网络思想政治教育[M].济南:泰山出版社,2008,第172页.

（二）建立覆盖面广、政治觉悟较高、立场坚定的教师队伍

组成这支队伍的人员可以是青年教师和学生骨干。他们能够参与到交互性较强的网上栏目中，与其他上网的教师以平等的身份进行交流，增强正面的呼声，对网上舆论氛围进行相关的引导，使正面信息始终处于主导地位。

（三）加强对网上"民间"队伍的管理和教育

进行选聘的时候严格把关，选拔政治素质高、责任感强的相关教师和学生担任，保证网上信息的导向和质量。

（四）增强网上思想政治教育工作的针对性

组建以学生骨干为主的网上宣传队和网上引导队。他们的主要任务就是针对校内重要事情进行相关的追踪和报道并解疑解惑；纠正错误言论，关注学校的改革和发展；同时针对网上热点问题，师生间展开研讨会。

（五）重新整合队伍

重新整合队伍，属于一个重要的环节，就是针对原有的队伍适当的进行改造、充实。整合的目的有两个方面：一是能够更好地发挥各思想政治教育工作媒体的作用。二是通过整合，完成了传统方式向思想政治教育方式现代化的整体转变。只有完成了这个转变，各种媒体也才能更充分地发挥作用。

互联网思想政治教师队伍工作的原则与方法具体有以下几点。

1. 调查研究与正确引导相结合的原则

根据互联网时代对高校思想政治教育工作的要求，互联网思想政治教师队伍应时刻把握互联网时代的政治导向，传播我国优秀的文化，并根据青年学生的群体和个体特征，提出不同的思想

教育目标,帮助他们对各种信息进行比较和辨别,提高他们的正确识别、选择和综合利用信息的能力。

2. 顺应规律和文化熏陶相结合的原则

互联网融会了各种思想、信仰和信息,各种文化之间的相互交流与碰撞是其总体表现。而教师队伍也该顺应互联网文化的相关规律,运用符合国情的文化对学生进行相应的引导、熏陶。

在互联网时代,针对高校学生进行相关思想政治教育工作,首先就需要把思想政治教育与增强高校学生的全球化和开放性意识结合起来,积极引导他们,使他们逐步树立与经济全球化相适应的国际化意识和开放性视野,同时,进行爱国主义教育,自觉抵制西方腐朽文化的渗透和传播,加强优秀传统文化的熏陶。

3. 主动宣传与互动交流相结合的原则

对于思想政治教育工作进行主动宣传,是一个相当大的优势,即使是在互联网时代。在互联网时代的思想政治领域中,由于不同意识形态之间的斗争从未停止过,所以,我们必须争取这一领域的主动权,进行主动灌输,利用这种形式,强有力地发出我们党和政府的声音。[1]

4. 有效融合与保持优势相结合的原则

在这个发展迅速的信息化时代,作为技术科学与人文科学有效结合的载体互联网来说,正在并将继续对青年学生的思维方式进行改变,这就需要教师队伍用全新的思维方式去适应它,进行政治教育工作时,把相关的技术与人文、互联网与思想政治教育工作做到有效地融合。

---

[1] 夏晓红. 高校网络思想政治教育[M]. 济南:泰山出版社,2008,第177页.

5."网上"与"网下"有机结合的原则

针对互联网思想政治教师队伍工作的开展,虽有一定的效果,但是具体到工作的实践中,关于"网上"与"网下"的有机结合,还是需要注意的。不能过度依赖互联网而脱离学生群体,师生感情一旦疏远,对于思想政治教育目标的实现会造成相关的影响。

四、考核激励挂钩

考核制度是针对互联网思想政治教师队伍建设加强的有效措施,近年来,许多高校对互联网教师队伍的考核办法不断地进行完善,采取自我总结、相互交流等一些方式,坚持对互联网思想政治教师队伍的德、能、勤、绩等进行综合考核,有时还在教师队伍内部进行相关的评比表彰。但就目前来看,将考核情况作为互联网教师队伍评优评奖以及晋职晋级的重要参考依据,还没有过多体现出来。获奖励的工作者被给予什么样的精神和物质奖励,往往模棱两可,界限不清。

在考核工作中不仅要加强对教师队伍的宏观管理,及时发现和解决问题,同时还应对互联网思想政治教师队伍进行有效监督,树立互联网思政教师队伍的良好形象,能够起到一定程度上导向和稳定的作用。

当然,对于教师队伍管理应该合理进行考评,奖惩结合,对在培训及工作中成绩优异的教师予以一定的物质和精神奖励;对那些经过培训仍不能胜任工作的、工作中出现重大疏漏的,必须予以相应惩罚,或批评教师限期整改或调离岗位。

五、搭建沟通平台

互联网思想政治教师队伍是一种相对较新的职业,相对于传统的思想政治教育工作,没有经验可以借鉴,每一名互联网思政工作者只能延续"摸着石头过河"的工作方式,边探索边实践。如果可以有效地搭建起互联网思政教师队伍的沟通平台,为其提供一个开展工作交流、交换工作心得的空间,则可以极大地降低工作经验缺乏造成的各种困扰。目前,为互联网思政教师队伍搭建沟通平台的方式大致有以下几种。

（一）网上论坛

在网上开辟相关的"学生工作之家"等形式的有关工作交流论坛,集通知发布、经验交流等功能于一体,让互联网思政教师队伍拥有一个工作讨论的互联网家园。

（二）工作研讨会

定期开展互联网思想政治教师工作的研讨会,将先进做法加以推广并进行宣传,根据实际出现的困难加以讨论,达到一种集思广益的效果。

（三）充分利用新沟通模式,畅通沟通渠道

互联网思想政治教师队伍建设是实施互联网思想政治教育的人员基础,合理有效地进行教师队伍组成设计、队伍目标制定以及建设途径构筑等工作,建设一支政治觉悟高、理论水平好、工作能力强、自身修养优、工作效果佳的高水平互联网思想政治教师队伍,对于高校的互联网思想政治教育工作会有很大的促进作用。

参考文献

[1]李亚青,张国磊,夏鑫."互联网＋"大学生社会主义核心价值观实践教育研究[M].北京:知识产权出版社有限责任公司,2016.

[2]邵云飞."互联网＋"教育:大学生研究性学习能力的理论与实践探究[M].北京:清华大学出版社,2016.

[3]李雪萍.高校思想政治教育的理论与实践[M].北京:中央编译出版社,2016.

[4]云亮,赵龙刚,李馨迟.智慧教育:"互联网＋"时代的教育大转型[M].北京:电子工业出版社,2016.

[5]陈娟,林颖,陈应娣.大学生思想政治教育新论[M].北京:海洋出版社,2016.

[6]张寒梅,龙睿赟.高校思想政治理论课教学改革与创新研究[M].成都:西南财经大学出版社,2016.

[7]王婧.大数据时代大学生道德教育研究[M].北京:现代教育出版社,2016.

[8]龙妮娜,黄日干.新媒体与大学生思想政治教育研究[M].北京:光明日报出版社,2016.

[9]孟莉.网络舆情——高校思想政治教育工作的新视野[M].合肥:合肥工业大学出版社,2016.

[10]崔家生.网络思想政治教育研究[M].济南:山东画报出版社,2016.

[11]宋振超.信息化视阈下高校思想政治教育有效性研究[M].北京:中国书籍出版社,2015.

[12]赵国栋.微课、翻转课堂与慕课实操教程[M].北京:北

京大学出版社,2015.

[13]屈晓婷.新媒体时空解码——大学生思想政治教育研究[M].北京:北京交通大学出版社,2015.

[14]钱晓田.资源整合视域下的大学生思想政治教育[M].南京:南京大学出版社,2015.

[15]唐斯斯,杨现民,单志广,代书成.智慧教育与大数据[M].北京:科学出版社,2015.

[16]陈瑞三,杜晶波.高校思政博客效能评价体系研究[M].北京:中国书籍出版社,2015.

[17]梁剑宏.大数据时代思想政治教育环境新论[M].北京:光明日报出版社,2015.

[18]周先进,邬丽.高校思想政治教育前沿问题研究[M].北京:中国书籍出版社,2015.

[19]陈海燕.全球化时代高校思想政治教育创新研究[M].济南:山东大学出版社,2015.

[20]于永昌,刘宇,王冠乔.大数据时代的教育[M].北京:北京师范大学出版社,2015.

[21]李松林,李会先.新时期高校思想政治理论课教学体系研究[M].北京:首都师范大学出版社,2014.

[22]李才俊,唐文武,陈盛兴,陈燕浩.网络视角下的思想政治教育方法新探[M].成都:西南交通大学出版社,2014.

[23]季海菊.新媒体时代高校思想政治教育的解构与重塑[M].南京:东南大学出版社,2014.

[24]林建华.21世纪高校思想政治理论课教学改革研究[M].北京:知识产权出版社,2014.

[25]王爽.新媒体时代大学生思想政治教育的挑战与创新[M].北京:中国言实出版社,2014.

[26]黄超.高校网络思想政治教育研究[M].广州:世界图书出版广东有限公司,2012.

[27]郭君.反思与建构:高职院校思想政治理论课反思性教

学的理论与实践[M].广州:世界图书出版广东有限公司,2012.

[28]吴珂.青少年网络安全与道德教育[M].北京:中国社会科学出版社,2012.

[29]王虹,刘智.新媒体时代高校思想政治教育创新研究[M].北京:中国社会科学出版社,2012.

[30]单春晓.高校思想政治教育工作新世界[M].北京:人民出版社,2011.

[31]徐建军.大学生网络思想政治教育理论与方法[M].北京:人民出版社,2010.

[32]张光慧.大学生网络思想政治教育机制创新研究[M].北京:中国言实出版社,2009.

[33]张再兴.网络思想政治教育研究[M].北京:经济科学出版社,2009.

[34]唐家良.高校辅导员队伍专业化建设与成长[M].北京:现代教育出版社,2008.

[35]夏晓红.高校网络思想政治教育[M].济南:泰山出版社,2008.

[36]傅文茹.网络考试:高校思政课考试改革的新取向[J].考试周刊,2016(21).

[37]徐林林.多媒体教学软件的设计与制作[J].软件开发,2016(16).

[38]张宝军,刘静涵."互联网＋"背景下高校学生思想政治教育微载体探究[J].吉林师范大学学报,2016(1).

[39]孙志方."互联网＋"大学生思想政治教育的探究[J].北京工业职业技术学院学报,2016(3).

[40]钱国军."互联网＋"背景下大学生思想政治教育长效机制的构建[J].学校党建与思想教育,2015(11).

[41]刘晓慧,韩升."互联网＋"背景下思想政治教育主体互动模式建构[J].理论建设,2015(6).